[三國]何晏注　[宋]邢昺疏

古本十三經注疏

論語註疏

上海古籍出版社

論語註疏解經卷第六

雍也第六　何晏集解　邢昺疏

疏　正義曰此篇亦論賢人君子及仁知中庸之德大抵與前相類故以次之

子曰雍也可使南面　包曰可使南面者言任諸侯治　疏　子曰雍也可使南面○正義曰此章稱弟子冉雍之德行南面謂諸侯也言冉雍有德行堪任爲諸侯治理一國者也

仲弓問子桑伯子　王曰伯子書傳無見焉　子曰可也簡　孔曰以其能簡故曰可也　仲弓曰居敬而行簡以臨其民不亦可乎　孔曰居身敬肅臨下寬略則可　居簡而行簡無乃大簡乎　包曰伯子之簡大簡　子曰雍之言然　疏　仲弓至言然○正義曰此章明行簡之法仲弓問子桑伯子者仲弓冉雍字也問子桑伯子其人德行何如子曰可也簡者子爲仲弓述子桑伯子之德行也簡略也言其人可也以其行能寬略故也仲弓曰居敬而行簡以臨其民不亦可乎者仲弓因辨簡之可否言若居身敬肅而行寬略以臨其下民不亦可乎言其可也居簡而行簡無乃太簡乎者言居身寬略而行又寬略乃太簡也則子桑伯子之簡是太簡也子曰雍之言然者然猶是也夫子許仲弓之言是故曰然○註王曰伯子書傳無見焉○正義曰書傳無見不知何人也子桑伯子當是一人故此註及下包氏皆唯言伯子而已鄭以左傳秦有公孫枝字子桑則以此爲秦大夫恐非

哀公問弟子孰爲好學孔子對曰有顏回者好學不遷怒不貳過不幸短命死矣今也則亡未聞好學者也　凡人任情喜怒違理顏回任道怒不過分遷者移也怒當其理不移易也不貳過者有不善未嘗復行　疏　哀公至學者也○正義曰此章稱顏回之德哀公問弟子孰爲好學者魯君哀公問於孔子曰弟子之中誰爲好樂於學者孔子對曰有顏回者好學不幸短命死矣今也則亡未聞好學者也者孔子對哀公曰有弟子顏回者其人好學遷移也凡人任情喜怒違理顏回任道怒不過分常當其理不移易不遷怒也人皆有過惟顏回有不善未嘗不知知之未嘗復行不貳過也

其事應失而得曰幸應得而失曰不幸惡人橫夭則惟其常顔回以德行著名應得壽考而反二十九髮盡白三十二而卒故曰不幸短命死矣亡無也言今則無好學者矣未聞更有好學者也○註凡人至復行○正義曰云凡人任情喜怒違理者言凡常之人信任邪情恣其喜怒違於分理也云顔回任道怒不過分者言顔回好學既深信用至道故怒不過其分理也云有不善未嘗復行者周易下繫辭文彼云子曰顔氏之子其殆庶幾乎有不善未嘗不知知之未嘗復行也韓康伯註云在理則昧造形而悟顔子之分也失之於幾故有不善得之於貳不遠而復故知之未嘗復行也引之以證不貳過也此稱其好學而言不遷怒貳過者以不遷怒貳過由於學問既篤任道而行故舉以言焉以明好學之深也一曰以哀公遷怒貳過而孔子因以諷諫

子華使於齊冉子爲其母請粟子曰與之釜馬曰子華弟子公西赤之字六斗四升曰釜請益曰與之庾包曰十六斗曰庾冉子與之粟五秉馬曰子六斛曰秉五秉合爲八十斛子曰赤之適齊也乘肥馬衣輕裘吾聞之也君子周

急不繼富鄭曰非冉有與之大多【疏】子華至繼富○正義曰此章論君子當賑窮周急子華使於齊者弟子公西赤字子華時仕魯爲魯使適於齊也冉子爲其母請粟者冉子即冉有也爲其子華之母請粟於夫子言其子出使而家貧也子曰與之釜者夫子令與粟六斗四升也請益者冉有嫌其粟少故更請益之曰與之庾者夫子令益與十六斗也冉子與之粟五秉者冉有終以爲少故自與粟八十斛也子曰赤之適齊也乘肥馬衣輕裘吾聞之也君子周急不繼富者此孔子非冉有與之大多也赤子華名適往也言子華使往齊國乘駕肥馬衣著輕裘則是富也富則毋不闕粟吾嘗聞之君子當周救人之窮急不繼接於富有今子華家富而冉與之粟則是繼富故非之也○註馬曰至曰釜○正義曰史記弟子傳云公西赤字子華鄭玄曰魯人少孔子四十二歲云六斗四升曰釜者昭三年左傳晏子曰齊舊四量豆區釜鍾四升爲豆各自其四以登于釜杜註云四豆爲區區斗六升四區爲釜釜六斗四升是也○註包曰十六斗曰庾馬曰十六斛曰秉○正義曰案聘禮記云十斗曰斛十六斗曰籔十籔曰秉鄭註云秉十六斛今江淮之間量名以爲籔者今文籔爲逾是庾逾籔其數同故知然也

原思爲之宰包曰弟子原憲

思字也孔子爲魯司寇以原憲爲家邑宰與之粟九百辭孔曰九百九百斗辭讓不受子曰毋孔曰祿法所得當受無讓以與爾鄰里鄉黨乎鄭曰五家爲鄰五鄰爲里萬二千五百家爲鄉五百家爲黨疏原思至黨乎○正義曰此章明爲受祿之法原思弟子原憲也孔子爲魯司寇以原憲爲家邑宰也與之粟九百辭者孔子與之粟九百斗原思辭讓不受子曰毋者毋禁止其辭言祿法所得當受無讓也以與爾鄰里鄉黨乎者言於己有餘可分與爾鄰里鄉黨之人亦不可辭也○註包曰至邑宰○正義曰史記弟子傳曰原憲字子思鄭玄曰魯人云孔子爲司寇以原憲爲家邑宰者世家云孔子由中都宰爲司空由司空爲司寇魯司寇大夫也必有采邑大夫稱家故以原憲爲家采邑之宰也○註鄭曰至爲黨○正義曰云五家爲鄰五鄰爲里者地官遂人職文案大司徒職云五家爲比五比爲閭四閭爲族五族爲黨五黨爲州五州爲鄉故知萬二千五百家爲鄉五百家爲黨也子謂仲弓曰犂牛之子騂且角雖欲勿用山川其舍諸犂雜文騂赤也角者角周正中犧牲雖欲以其所生犂而不用山川

寧肯舍之乎言父雖不善不害於子之美疏子謂至舍諸○正義曰此章復評冉雍之德也子謂仲弓曰犂牛之子騂且角雖欲勿用山川其舍諸者雜文曰犂騂赤也角者角周正也舍棄也諸之也仲弓父賤人而行不善故孔子稱謂仲弓曰譬若犂牛之子純赤且角周正之子中祭祀之犧牲雖欲以其所生犂而不用山川寧肯舍之乎言仲弓父雖不善不害於子之美也子曰回也其心三月不違仁其餘則日月至焉而已矣餘人暫有至仁時唯回移時而不變疏子曰回也其心三月不違仁其餘則日月至焉而已矣○正義曰此章稱顏回之仁三月爲一時天氣一變人心行善亦多隨時移變唯回也其心雖經一時復一時而不變後違去仁道也其餘則暫有至仁時或一日或一月而已矣季康子問仲由可使從政也與子曰由也果包曰果謂果敢決斷於從政乎何有曰賜也可使從政也與曰賜也達孔曰達謂通於物理於從政乎何有曰求也可使從政

也與曰求也藝孔曰藝謂多才藝於從政乎何有疏季康
子至何有○正義曰此章明子路子貢冉有之才也季康子問
仲由可使從政也歟者康子魯卿季孫肥也問於孔子曰仲
由之才可使從政一官而為政治也歟子曰由也果於從政乎
何有者果謂果敢決斷何有言不難也孔子答言仲由之才果
敢決斷其於從政何有難乎言仲由可使從政也曰賜也可
使從政也歟者季康子又問子貢也曰賜也達於從政乎何
有者達謂通於物理孔子答言子貢之才通達物理亦言可
從政也曰求也可使從政也歟者康子又問冉有也曰求也
藝於從政乎何有者藝謂多才藝孔子答言冉求多才藝亦可從政也季氏使閔子騫為
費宰孔曰費季氏邑季氏不臣而其邑宰數畔聞子騫賢故欲用之閔子騫曰善為
我辭焉孔曰不欲為季氏宰託使者善為我作辭說令不復召我如有復我者孔曰
復我者重來召我則吾必在汶上矣孔曰去之汶水上欲北如齊疏季氏至上
矣○正義曰此章明閔損之賢也季氏使閔子騫為費宰者
費季氏邑季氏不臣而其邑宰數畔聞子騫賢故欲使之也
閔子騫曰善為我辭焉者子騫不欲為季氏宰故語使者曰
善為我作辭說令不復召我也如有復我者則吾必在汶上
矣者復重也言如有重來召我者則吾必去之在汶水上欲北
如齊也○注孔曰至用之○正義曰云費季氏邑者左傳
文也云季氏不臣而其邑宰數畔者僭禮樂逐昭公是不臣
也昭十三年南蒯以費畔又公山弗擾以費畔是數畔也○
注去之汶水上欲北如齊○正義曰地理志云汶水
出泰山萊蕪西南入濟在齊南魯北故曰欲北如齊伯牛
有疾馬曰伯牛弟子冉耕子問之自牖執其手包曰牛有惡疾不欲見人故孔子從牖執其手也
曰亡之孔曰亡喪也疾甚故持其手曰喪之命矣夫斯人也
而有斯疾也斯人也而有斯疾也包曰再言之者痛惜之甚
疏伯牛至疾也○正義曰此章孔子痛惜弟子冉耕有德
行而遇惡疾也伯牛弟子冉耕字也有疾有惡疾也子問之
自牖執其手者自從也伯牛有惡疾不欲見人故孔子從
牖執其手也曰亡之者亡喪也疾甚故持其手曰喪之命矣
夫斯人也而有斯疾也者行善遇凶非
人所召故歸之於命言天命矣夫此善人也而有此

悪疾也是孔子痛惜之也再言之者痛惜之甚○註馬曰伯牛弟子冉耕○正義曰史記弟子傳曰冉耕字伯牛鄭玄曰魯人○註包曰伯牛有悪疾○正義曰悪疾疾之悪者也淮南子云伯牛癩

子曰賢哉回也一簞食一瓢飲孔曰簞笥也在陋巷人不堪其憂回也不改其樂賢哉回也孔曰顏淵樂道雖簞食在陋巷不改其所樂

疏子曰至回也○正義曰此章歎顏回之賢故曰賢哉回也云一簞食一瓢飲者簞竹器食飯也瓢瓠也言回家貧唯有一簞飯一瓢飲也在陋巷人不堪其憂回也不改其樂者言回居處又在隘陋之巷他人見之不任其憂唯回也不改其樂道之志不以貧為憂苦也歎美之甚故又曰賢哉回也○註孔曰簞笥也○正義曰案鄭註曲禮云圓曰簞方曰笥然則簞與笥方圓異而此云簞笥者以其俱用竹為之舉類以曉人也

冉求曰非不說子之道力不足也子曰力不足者中道而廢今女畫孔曰畫止也力不足者當中道而廢今女自止耳非力極

疏冉求曰至女畫○正義曰此章勉人學也冉求曰非不說子之道力不足也者弟子冉求言己非不說樂子之道而勤學之但以力不足故也子曰力不足者中道而廢今女畫者畫止也此孔子責冉求之不說學也言力不足者當中道而廢今女自止耳非力極也

子謂子夏曰女為君子儒無為小人儒孔曰君子為儒將以明道小人為儒則矜其名

疏子謂子夏曰女為君子儒無為小人儒○正義曰此章戒子夏為君子也言人博學先王之道以潤其身者皆謂之儒但君子則將以明道小人則矜其才名言女當明道無得矜名也

子游為武城宰包曰武城魯下邑子曰女得人焉耳乎孔曰焉耳乎皆辭曰有澹臺滅明者行不由徑非公事未嘗至於偃之室也包曰澹臺姓滅明名字子羽言其公且方

疏子游至室也○正義曰此章明子羽公方也子游為武城宰者武城魯下邑子游時為之宰也子曰女得人焉耳乎者孔子問子游言女在武城得其有德之人乎焉耳乎皆語辭曰有澹臺滅明者此子游對孔子言已所得之人也姓澹臺名滅明行不由徑非公事未嘗至於偃之室也者此言其人之德也

行遵大道不由小徑是方也若非公事未嘗至於偃之室是公也既公且方故以爲得人○註包曰至且方○正義曰史記弟子傳云澹臺滅明武城人字子羽少孔子三十九歲狀貌甚惡欲事孔子孔子以爲材薄既已受業退而脩行名施乎諸侯孔子聞之曰吾以貌取人失之子羽是亦弟子也故注不言弟子者從可知也云言其公且方者公無私也方正直也

子曰孟之反不伐孔曰魯大夫孟之側與齊戰軍大敗不伐者不自伐其功奔而殿將入門策其馬曰非敢後也馬不進也馬曰殿在軍後前曰啓後曰殿孟之反賢而有勇軍大奔獨在後爲殿人迎功之不欲獨有其名曰我非敢在後拒敵馬不能前進

【疏】子曰至進也○正義曰此章言功以不伐爲善也孟之反不伐者誇功曰伐孟之反魯大夫孟之側也有軍功而不誇伐也奔而殿將入門策其馬曰非敢後也馬不進也者此其不伐之事也在軍後曰殿策捶也魯與齊戰魯師敗而奔孟之反賢而有勇獨在後爲殿人迎功之不欲獨有其名故將入國門乃捶其馬欲先奔者入城也且曰我非敢在後爲殿以拒敵馬不能前進故也○註孔曰魯大夫孟之側○正義曰杜預曰之側孟氏族字反是也○註馬曰至前進○正義曰云殿在軍後前曰啓後曰殿者案司馬法謀帥篇曰夫前驅啓乘車大殿倅車屬焉大殿即大殿也音相似襄二十三年左傳曰齊侯伐衛大殿商子游御夏之御寇詩曰元戎十乘以先啓行是殿在軍後前曰啓也案哀十一年左傳說此事云齊師伐我及清孟孺子洩帥右師冉求帥左師師及齊師戰于郊右師奔齊人從之孟之側後入以爲殿抽矢策其馬曰馬不進也文不同者各據所聞而記之也

子曰不有祝鮀之佞而有宋朝之美難乎免於今之世矣孔曰佞口才也祝鮀衛大夫子魚也時世貴之宋朝宋之美人而善淫言當如祝鮀之佞而反如宋朝之美難乎免於今之世害也

【疏】子曰不有祝鮀之佞而有宋朝之美難乎免於今之世矣○正義曰此章言世尚口才也佞口才也祝鮀衛大夫子魚也有口才時世貴之宋朝宋之美人善淫時世疾之言人當如祝鮀之有口才則見貴重若無祝鮀之佞而反有宋朝之美難乎免於今之世害也○註孔曰至害也○正義曰云祝鮀衛大夫子魚也時世貴之者春秋定四年會于召陵盟于皐鼬左傳曰將會衛子行敬子言於靈公曰會同難嘖有煩言莫之治也其使祝鮀從公曰善乃使子魚是祝鮀字子魚也傳又曰及

子曰孟之反不伐奔

而殿將入門策其馬曰非敢後也馬不進也

子曰不有祝鮀之佞而

有宋朝之美難乎免於今之世矣

皐鼬將長蔡於衛衛侯使祝鮀私於萇[illegible]文多不載焉
弘說告劉子與范獻子謀之乃長衛侯於盟是時世貴之人也
云宋朝宋之美人也善淫者案定十四年左傳曰衛侯爲夫
人南子召宋朝杜註云南子宋女也朝宋公子舊通于南子
在宋呼之是朝爲宋之美人而善淫也　子曰誰能出不由戶何莫由斯
道也　孔曰言人立身成功當由道譬猶人出入要當從戶　疏　子曰誰能出不由戶何莫由斯道也○正
義曰此章言道爲立身之要也誰人能出入不由門戶
以譬何人立身不由於此道也言人立身成功當由道譬
出入要當從戶　子曰質勝文則野　包曰野如野人言鄙略也　文勝質則史
包曰史者文多而質少　文質彬彬然後君子　包曰彬彬文質相半之貌　疏　子曰
至君子○正義曰此章明君子也質勝文則野者謂人君質
多勝於文則如野人言鄙略也文勝質則史者言多勝
質則如史官也文質彬彬然後君子者彬彬文質相
半之貌言文華質朴相半彬彬然然後可爲君子也
人之生也直　馬曰言人所生於世而自終者以其正直也　罔之生也幸而
免　包曰誣罔正直之道而亦生者是幸而免　疏　子曰人之生也直罔之生幸而免○正義曰此章言人
以正直爲德言人之所以生於世而自壽終不橫夭者以其
正直故也罔誣罔也言人有誣罔正直之道而亦生者是幸
而獲免也　子曰知之者不如好之者好之者不如樂
之者　包曰學問知之者不如好之者篤好之者不如樂之者深　疏　子曰知之者不如好之者好之者不如
如樂之者○正義曰此章言人之學道用心深淺之異言
學問知之者不如好之者篤厚也好之者又不如悅樂之者
深也　子曰中人以上可以語上也中人以下不可
以語上也　王曰上謂上知之所知也兩舉中人以其可上可下　疏　子曰中人以上可以語上也中
人以下不可以語上也○正義曰此章言授人之法當稱其
才識也語謂告語上謂上知之所知也人之才識凡有九等
謂上上上中上下中上中中中下下上下中下下也上上則
聖人也下下則愚人也皆不可移其上中以下下中以上
是可教之人也中人謂第五中中之人也以上謂上中上
中上之人以其才性優長故可以告語上知之所知也中

[illegible]

子曰誰能出不由戶何莫由斯道也

[illegible]

子曰質勝文則野文勝質則史文質彬彬然後君子

[illegible]

子曰人之生也直罔之生也幸而免

[illegible]

子曰知之者不如好之者好之者不如樂之者

[illegible]

子曰中人以上可以語上也中人以下不可以語上也

[illegible]

人以下謂中下下上上下中之人也以其才識暗劣故不可以告語上知之所知也此應云中人以上可以語上以下不可以語上而繁文兩舉中人者以其中人可上可下故也言此中人若才性稍優則可以語上才性稍劣則不可以語上是其可上可下也

樊遲問知子曰務民之義王曰務所以化道民之義敬鬼神而遠之可謂知矣包曰敬鬼神而不黷問仁曰仁者先難而後獲可謂仁矣孔曰先勞苦而後得功此所以為仁

疏樊遲至仁矣○正義曰此章明仁知之用也樊遲問知者弟子樊須問於孔子何為可謂之知子曰務民之義敬鬼神而遠之可謂知矣者孔子荅其為知也言當務所以化道民之義恭敬鬼神而疏遠之不褻黷能行如此可謂為知矣問仁者樊遲又問何為可謂之仁子曰仁者先難而後獲可謂仁矣者此荅其為仁也獲猶得也言為仁者先受勞苦之難而後乃得功此所以為仁也已

子曰知者樂水包曰知者樂運其才知以治世如水流而不知已仁者樂山仁者樂如山之安固自然不動而萬物生焉知者動包曰日進故動仁者靜孔曰無欲故靜知者樂鄭曰知者自役得其志故樂仁者壽包曰性靜者多壽考

疏子曰至仁者壽○正義曰此章初明知仁之性次明知仁之用三明知仁之功也知者樂水者樂謂愛好言知者性好運其才知以治世如水流而不知已止也仁者樂山者言仁者之性好樂如山之安固自然不動而萬物生焉知者動者言知者常務進故動仁者靜者言仁者本無貪欲故靜知者樂者言知者役用才知成功得志故歡樂也仁者壽者言仁者少思寡欲性常安靜故多壽考也

子曰齊一變至於魯魯一變至於道包曰言齊魯有太公周公之餘化太公大賢周公聖人今其政教雖衰若有明君興之齊可使如魯魯可使如大道行之時

疏子曰齊一變至於魯魯一變至於道○正義曰此章言齊魯有太公周公之餘化太公大賢周公聖人今其政教雖衰若有明君興之齊可一變使如於魯魯可一變使如於大道行之時也

子曰觚不觚馬曰觚禮器一升曰爵二升曰觚觚哉觚哉觚哉觚哉言非觚也以喻為政不得其道則不成

疏子曰觚不觚觚哉觚哉○正義曰此章言為政須遵禮道也觚者禮器所以盛酒二升曰

[illegible]

樊遲問知子曰務民之義敬鬼神而遠之可謂知矣問仁曰仁者先難而後獲可謂仁矣 [illegible]

子曰知者樂水仁者樂山知者動仁者靜知者樂仁者壽 [illegible]

子曰齊一變至於魯魯一變至於道 [illegible]

子曰觚不觚觚哉觚哉 [illegible]

觚言觚者用之當以禮若用之失禮則不成為觚也故孔子歎之觚哉觚哉言非觚也以喻人君為政當以道若不得其道則不成為政也○註馬曰觚禮器一升曰爵二升曰觚○正義曰案特牲禮用三爵二觚四觶一角三散是觚為禮器也異義韓詩為一升曰爵爵盡也足也二升曰觚觚寡也飲當寡少三升曰觶觶適也飲當自適也四升曰角角觸也不能自適觸罪過也五升曰散散訕也飲不省節為人謗訕揔名曰爵其實曰觴觴者餉也觥亦五升所以罰不敬觥廓也所以著明之貌君子有過廓然著明非所以餉不得名觴此惟言爵觚者略言之也

宰我問曰仁者雖告之曰井有仁焉其從之也 孔曰宰我以仁者必濟人於患難故問有仁人墮井將自投下從而出之不乎欲極觀仁者憂樂之所至

子曰何為其然也君子可逝也不可陷也 孔曰逝往也言君子可使往視之耳不肯自投從之

可欺也不可罔也 馬曰可欺者可使往也不可罔者不可得誣罔令自投下

疏 宰我至罔也○正義曰此章明仁者之心也宰我問曰仁者雖告之曰井有仁焉其從之也者宰我以仁者必濟人於患難故問曰仁者之人設有來告曰井中有仁人焉言仁人墮井也此承告之仁入將自投下從而出之不乎意欲極觀仁者憂樂生之所至也子曰何為其然也君子可逝也不可陷也者此孔子怪拒之辭逝往也然如是也言何為能使仁者如是自投井乎夫仁人君子但可使往視之耳不可陷入於井言不肯自投從之也可欺也不可罔也者唯可欺之使往視不可得誣罔令自投下也

子曰君子博學於文約之以禮亦可以弗畔矣夫 鄭曰弗畔不違道

疏 子曰君子博學於文約之以禮亦可以弗畔矣乎○正義曰畔違也此章言君子若博學於先王之遺文復用禮以自檢約則不違道也

子見南子子路不說

夫子矢之曰予所否者天厭之天厭之 孔曰舊以南子者衛靈公夫人淫亂而靈公惑之孔子見之者欲因以說靈公使行治道矢誓也子路不說故夫子誓之行道既非婦人之事而弟子不說與之呪誓義可疑焉

疏 子見至厭之○正義曰此章孔子屈已求行治道也子見南子者南子衛靈公夫人淫亂而靈公惑之孔子至衛見此南子意欲曰以說靈公使行治道故也子路不說者子路性剛直未達

者雖告之曰井有仁焉其從之也子曰何爲其然也君子可逝也不可陷也可欺也不可罔也

子曰君子博學於文約之以禮亦可以弗畔矣夫

子見南子子路不說夫子矢之曰予所否者天厭之天厭之

孔子之意以爲君子當義之與比而孔子乃見淫亂婦人故不說樂夫子矢之者矢誓也以子路不說故夫子告誓之曰予所否者天厭之天厭之者此孔子解也予我也否不也厭棄也言我見南子所不爲求行治道者願天厭棄我再言之者重其誓欲使信之也○註孔曰至疑焉○正義曰云孔曰舊以南子者衛靈公夫人淫亂而靈公惑之孔子見之者欲因以說靈公使行治道矢誓也子路不說故夫子誓之者先儒舊有此解也云行道既非婦人之事而弟子不說與之呪誓義可疑焉者安國以爲先儒舊說不近人情故疑其義也史記世家孔子至衛靈公夫人有南子者使人謂孔子曰四方之君子不辱欲與寡君爲兄弟者必見寡小君寡小君願見孔子辭謝不得已而見之夫人在絺帷中孔子入門北面稽首夫人自帷中再拜環佩玉聲璆然孔子曰吾鄉爲弗見見之禮荅焉子路不說孔子矢之曰天厭之天厭之是子見南子之事也蔡謨曰見南子者時不得已也猶文王之拘羑里也天厭之者言我之否屈乃天命所厭也蔡謨云矢陳也夫子爲子路陳天命也

子曰中庸之爲德也其至矣乎民鮮久矣庸常也中和可常行之德世亂先王之道廢民鮮能行此道久矣非適今【疏】子曰中庸之爲德也其至

矣乎民鮮久矣○正義曰此章言世亂人不能行中庸之德也中謂中和庸常也鮮罕也言中和可常行之德也其至矣乎以世亂先王之道廢故民罕能行此道久多時矣非適而今也

子貢曰如有博施於民而能濟衆何如可謂仁乎子曰何事於仁必也聖乎堯舜其猶病諸孔曰君能廣施恩惠濟民於患難堯舜至聖猶病其難

夫仁者己欲立而立人己欲達而達人能近取譬可謂仁之方也已孔曰更爲子貢說仁者之行方道也但能近取譬於己皆恕己所欲而施之於人【疏】子貢至也已○正義曰此章明仁道也子貢曰如有博施於民而能濟衆何如可謂仁乎者子貢問夫子曰設如人君能廣施恩惠於民而能振濟衆民於患難者此德行何如可以謂之仁人之君乎子曰何事於仁必也聖乎堯舜其猶病諸者此孔子答子貢語之也言君能博施濟衆何止事於仁謂不啻於仁必也爲聖人乎然行此事其難堯舜至聖猶病之以爲難也夫仁者己欲立而立人己欲達而達人能近取譬可謂仁之方也已者此孔子更爲子

子曰中庸之為德也其至矣乎民鮮久矣

子貢曰如有博施於民而能濟眾何如可謂仁乎子曰何事於仁必也聖乎堯舜其猶病諸夫仁者己欲立而立人己欲達而達人能近取譬可謂仁之方也已

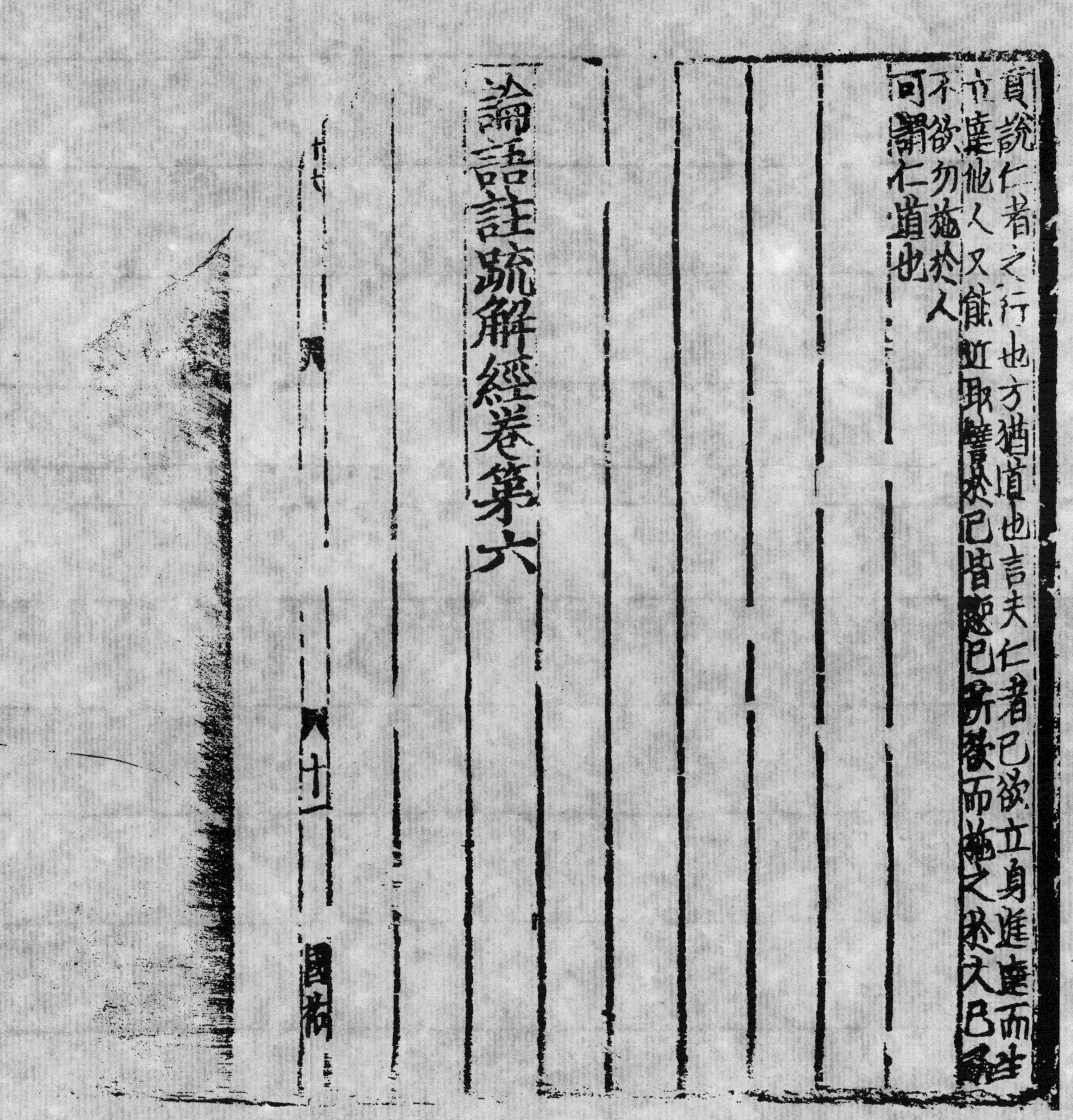

貢說仁者之行也方猶道也言夫仁者己欲立身進達而先立達他人又能近取譬於己皆恕己所欲而施之於人己所不欲勿施於人可謂仁道也

論語註疏解經卷第六

論語註疏解經卷第七

述而第七　　何晏集解　　邢昺疏

疏 正義曰此篇皆明孔子之志行也以前篇論賢人君子及仁者之德行成德有漸故以聖人次之

子曰述而不作信而好古竊比於我老彭 包曰老彭殷賢大夫好述古事我若老彭但述之耳

疏 子曰述而不作信而好古竊比於我老彭○正義曰此章記仲尼著述之謙也作者之謂聖述者之謂明老彭殷賢大夫也老彭於殷時但述脩先王之道而不自制作篤信而好古事孔子言今亦爾故云比老彭猶不敢顯言故云竊○註包曰至之耳○正義曰云老彭殷賢大夫者老彭即莊子所謂彭祖也李云名鏗堯臣封於彭城歷虞夏至商年七百歲故以久壽見聞世本云姓籛名鏗在商爲守藏史在周爲柱下史年八百歲籛音翦一云即老子也崔云堯臣仕殷世其人甫壽七百年王弼云老是老聃彭是彭祖老子者楚苦縣厲鄉曲仁里人也姓李氏名耳字伯陽謚曰聃周守藏室之史也云好述古事我若老彭但述之耳者言老彭不自制作好述古事仲尼言我亦若老彭但述之耳

子曰默而識之學而不厭誨人不倦何有於我哉 鄭曰無是行於我我獨有之

疏 子曰默而識之學而不厭誨人不倦何有於我哉○正義曰此章仲尼言已不言而記識之學古而心不厭教誨於人不有倦息他人無是行於我我獨有之故曰何有於我哉

子曰德之不脩學之不講聞義不能徙不善不能改是吾憂也 孔曰夫子常以此四者爲憂

疏 子曰德之不脩學之不講聞義不能徙不善不能改是吾憂也○正義曰此章言孔子憂在脩身也德在脩行學須講習聞義事當徙意從之有不善當追悔改之夫子常以此四者爲憂憂已恐有不脩不講不徙不改之事故云是吾憂也

子之燕居申申如也夭夭如也 馬曰申申夭夭和舒之貌

疏 子之燕居申申如也夭夭如也○正義曰此章言孔子燕居之時體貌也申申夭夭和舒之[illegible]者如此義也謂體貌和舒如似申申夭夭也故一下[illegible]一[illegible]受一爵而色洒如也又鄉[illegible]一云和也者皆謂容色如此

子曰甚矣吾衰也久

矣吾不復夢見周公孔曰孔子衰老不復夢見周明盛時夢見周公欲行其道

疏子曰甚矣吾衰也久矣吾不復夢見周公○正義曰此
章孔子歎其衰老言我盛時嘗夢見周公欲行其道今
則久多時矣吾更不復夢見周公知是吾衰老甚矣子曰志於道志慕也道不可體故志之而已
據於德據杖也德有成形故可據依於仁依倚也仁者功施於人故可倚遊於藝
藝六藝也不足據依故曰遊

疏子曰志於道據於德依於仁遊於藝○正義曰此章孔子言已志慕據杖依倚
遊習者道德仁藝也○註志慕也道不可體故志之而已○
正義曰道者虛通無擁自然之謂也王弼曰道者無之稱也
無不通也無不由也況之曰道寂然無體不可為象是道不
可體故但志慕而已○註據杖也德有成形故可據○正
義曰德者得也物得其所謂之德寂然至無則謂之道離無
入有而成形器是謂德業少儀云士依於德遊於藝文與此同
鄭註云德三德也一曰至德二曰敏德三曰孝德周禮師氏
掌以三德教國子一曰至德以道為本二曰敏德以行為本
三曰孝德以知逆惡註云德行內外之稱在心為德施之為
行至德中和之德覆燾持載含容者也孔子曰中庸之為德

也其至矣乎敏德仁義順時者也說命曰敬孫務時敏厥脩
乃來孝德尊祖愛親守其所以生者也孔子曰武王周公其
達孝矣乎夫孝者善繼人之志善述人之事者也是德有成
形者也夫立身行道唯杖於德故可據也○註依倚也仁者
功施於人故可倚○正義曰博施於民而能濟衆乃謂之
仁恩被於物物亦應之故可倚賴○註藝六藝也不足據依故
曰遊○正義曰六藝謂禮樂射馭書數也周禮保氏掌養
國子教之六藝一曰五禮二曰六樂三曰五射四曰五馭
五曰六書六曰九數註云五禮吉凶軍賓嘉也六樂雲門大
咸大韶大夏大濩大武也五射白矢參連剡註襄尺井儀也五
馭鳴和鸞逐水曲過君表舞交衢逐禽左也六書象形會意
轉注處事假借諧聲也九數方田粟米差分少廣商功均輸
方程贏不足旁要也此六者所以飾身耳
劣於道德與仁故不足依據故但曰遊子曰自行束
脩以上吾未嘗無誨焉孔曰言人能奉禮自行束脩以上則皆教誨之

疏子曰自行束脩以上吾未嘗無誨焉○正義曰此章言誨
人不倦也束脩禮之薄者言人能奉禮自行束脩以上而來
學者則吾未曾不誨焉皆教誨之也○註孔子至誨之○正
義曰云言人能奉禮自行束脩以上者案書傳言束脩者多

[illegible]

（疏）矣吾不復夢見周公

[illegible]

子曰志於道據於德依於仁游於藝

[illegible]

子曰自行束脩以上吾未嘗無誨焉

[illegible]

矣。皆謂十脡脯也。檀弓曰：古之大夫束脩之問不出竟。少儀曰：其以乘壺酒、束脩、一犬賜人。穀梁傳曰：束脩之問不行竟中。是知古者持束脩以爲禮，然此是禮之薄者，其厚則有玉帛之屬，故云其上以包之也。

子曰：不憤不啓，不悱不發。舉一隅不以三隅反，則不復也。鄭曰：孔子與人言，必待其人心憤憤、口悱悱，乃後啓發爲說之，如此則識思之深也。說則舉一隅以語之，其人不思其類，則不復重教之。

【疏】子曰不憤不啓不悱不發舉一隅不以三隅反則不復也○正義曰：此章言誨人之法。啓，開也。言人若不心憤憤，則孔子不爲開說；若不口悱悱，則孔子不爲發明也。其說之也，略舉一隅以語之。凡物有四隅者，舉一則三從可知。學者當以三隅反類一隅以思之，而其人若不以三隅反思其類，則不復重發之矣。

子食於有喪者之側，未嘗飽也。孔曰：喪者哀戚，飽食於其側，是無惻隱之心。

【疏】子食於有喪者之側未嘗飽也○正義曰：此章言孔子助喪家執事時，故得有食。飽而廢事，非禮也；飽而忘哀，亦非禮。故食而不飽，以喪者哀慼，若飽食於其側，是無惻愴隱痛之心也。

子於是日哭，則不歌。一日之中或哭或歌，是褻於禮容。

【疏】子於是日哭則不歌○正義曰：此章言孔子於是日聞喪或弔人而哭，則終是日不歌也。若一日之中或哭或歌，是褻瀆於禮容，故不爲也。檀弓曰：弔於人，是日不樂。註引之文是也。

子謂顔淵曰：用之則行，舍之則藏，唯我與爾有是夫。孔曰：言可行則行，可止則止，唯我與顔淵同。子路曰：子行三軍，則誰與？孔曰：大國三軍。子路見孔子獨美顔淵，以爲己勇，至於夫子爲三軍將，亦當誰與己同，故發此問。子曰：暴虎馮河，死而無悔者，吾不與也。孔曰：暴虎，徒搏；馮河，徒涉。必也臨事而懼，好謀而成者也。

【疏】子謂至者也○正義曰：此章孔子言己行藏與顔回同也。子謂顔淵曰用之則行舍之則藏唯我與爾有是夫者，言時用之則行，舍之則藏，用舍隨時，行藏不忤於物，唯我與汝同有是行夫。子路曰子行三軍則誰與者，大國三軍，子路見孔子獨美顔淵，以己有勇，故發此問曰：若子行三軍之事，爲三軍之將，則當誰與同？子路意其與己也。子曰暴虎馮

河死而無悔者吾不與也者空手搏虎爲暴虎無舟渡河爲馮河言人若暴虎馮河輕死而不追悔者吾不與之同也子路之勇若此故孔子抑之也必也臨事而懼好謀而成者也者此又言行三軍所與之人必須臨事而能戒懼好謀而有成功者吾則與之行三軍之事也所以誘子路使慎其勇也○註孔曰大國三軍○正義曰此司馬序官文也○註孔曰暴虎徒搏馮河徒涉○正義曰釋訓文也舍人曰無兵空手搏之郭璞曰空手執也李巡曰無舟而渡水曰徒涉郭璞曰無舟檝詩傳云馮陵也然則空涉水陵波而渡故訓馮爲陵也

子曰富而可求也雖執鞭之士吾亦爲之鄭曰富貴不可求而得之當脩德以得之若於道可求者雖執鞭之賤職我亦爲之如不可求從吾所好孔曰所好者古人之道

疏子曰富而可求也雖執鞭之士吾亦爲之如不可求從吾所好○正義曰此章孔子言已脩德好道不諂求富貴也言富貴不可求而得之當脩德以得之若富貴而於道可求者雖執鞭賤職我亦爲之如不可求則當從吾所好者古人之道也○註雖執鞭賤職○正義曰案周禮秋官條狼氏掌執鞭以趨辟王出入則八人夾道公則六人侯伯則四人子男則二人註云趨辟趨而辟行人若今卒辟車之爲也序官云條狼氏下士故云執鞭賤職也

子之所慎齊戰疾孔曰此三者人所不能慎而夫子獨能慎之

疏子之所慎齊戰疾○正義曰此一章記孔子所慎之行也將祭散齋七日致齊三日齊之爲言齊也所以齊不齊也故戒慎之左傳曰皆陳曰戰失兵凶戰危不必其勝重其民命固當慎之君子敬身安體若偶嬰疾病則慎其藥齊以治之此三者凡人所不能慎而夫子能慎之也

子在齊聞韶三月不知肉味周曰孔子在齊聞習韶樂之盛美故忽忘於肉味曰不圖爲樂之至於斯也王曰爲作也不圖作韶樂至於此此齊

疏子在至斯也○正義曰此章孔子美韶樂也子在齊聞韶三月不知肉味者韶舜樂名孔子在齊聞習韶樂之盛美故三月忽忘於肉味而不知也曰不圖爲樂之至於斯也者圖謀度也爲作也斯此也謂此齊也言我不意度作韶樂乃至於此齊也○註王曰至於此齊○正義曰云爲作也者釋言云作造爲也互相訓故云爲作也云不圖作韶樂至於此此齊者言不意作此韶樂至於齊也韶是舜樂而齊得作之者案禮樂志云夫樂本情性浹肌膚而藏骨髓雖經乎千載其遺風餘烈尚猶不絕至

春秋時陳公子完奔齊陳舜之後韶樂存焉故孔子適齊聞韶三月不知肉味曰不圖為樂之至於斯美之甚也

冉有曰夫子為衛君乎 鄭曰為猶助也衛君者謂輒也衛靈公逐太子蒯聵公薨而立孫輒後晉趙鞅納蒯聵於戚城衛石曼姑帥師圍之故問其意助輒不乎 子貢曰諾吾將問之

入曰伯夷叔齊何人也曰古之賢人也曰怨乎

曰求仁而得仁又何怨 孔曰夷齊讓國遠去終於餓死故問怨邪以讓為仁豈有怨乎

出曰夫子不為也 鄭曰父子爭國惡行孔子以伯夷叔齊為賢且仁故知不助衛君明矣

疏 冉有至為也○正義曰此章記孔子崇仁讓也冉有曰夫子為衛君乎者為猶助也衛君謂出公輒也衛靈公逐太子蒯聵公薨而立孫輒輒即蒯聵之子也後晉趙鞅納蒯聵於戚城衛石曼姑帥師圍之子而拒父惡行之甚時孔子在衛為輒所賓禮人疑孔子助輒故冉有言問其友曰夫子之意助輒不乎子貢曰諾吾將問之者子貢承冉有之問其意亦未決故諾其言我將入問夫子庶知其助不也入曰伯夷叔齊何人也者此子貢問孔子辭也伯夷叔齊孤竹君之二子兄弟讓國遠去終於餓死今衛乃父子爭國爭讓正反所以舉夷齊為問者子貢意言夫子若不助衛君應言夷齊為是夫子若助衛君應言夷齊為非故入問曰伯夷叔齊何人也曰古之賢人也者孔子荅言是古之讓國之賢人也曰怨乎者此子貢復問曰夷齊初雖有讓國之賢而終於餓死得無怨恨邪所以復問此者子貢意言若夫子不助衛君應言不怨若助衛君則應言有怨也曰求仁而得仁又何怨者此孔子荅言不怨也初心讓國求為仁也君子殺身以成仁夷齊雖終於餓死得成於仁豈有怨乎故曰又何怨出曰夫子不為也者子貢既問而出見冉有而告之曰夫子不助衛君也知其父子爭國惡行也孔子以伯夷叔齊為賢且仁故知不助衛君明矣○注鄭曰至不乎○正義曰云衛靈公逐太子蒯聵者案左傳定十四年衛蒯聵謀殺靈公夫人南子不能而出奔宋是也云公薨而立孫輒者哀二年左傳曰夏衛靈公卒夫人曰命公子郢為太子君命也對曰郢異於他子且君沒於吾手若有之郢必聞之且亡人之子輒在乃立輒是也云後晉趙鞅納蒯聵於戚城者亦哀二年春秋文也云衛石曼姑帥師圍之者春秋哀三年春齊國夏衛石曼姑帥師圍戚是也

子曰飯疏食飲水曲肱而枕之樂亦在

有曰夫子為衛君乎

子貢曰諾吾將問之

入曰伯夷叔齊何人也曰古之賢人也曰怨乎

曰求仁而得仁又何怨

出曰夫子不為也

子曰飯疏食飲水曲肱而枕之樂亦在

其中矣孔曰疏食菜食肱臂也孔子以此為樂不義而富且貴於我如浮雲鄭曰富貴而不以義者於我如浮雲非己之有疏子曰至浮雲。正義曰此章記孔子樂道而賤不義也子曰飯疏食飲水曲肱而枕之樂亦在其中矣者疏食菜食也肱臂也言己飯菜食飲水寢則曲肱而枕之以此為樂不義而富且貴於我如浮雲者富與貴雖人之所欲若富貴而以不義者於我如浮雲言非己之有也子曰加我數年五十以學易可以無大過矣易窮理盡性以至於命年五十而知天命以知命之年讀至命之書故可以無大過疏子曰加我數年五十以學易可以無大過矣。正義曰此章孔子言其學易年也加我數年方至五十謂四十七時也易之為書窮理盡性以至於命吉凶悔吝豫以告人使人從吉不從凶故孔子言己四十七學易可以無過咎矣。註易窮至大過。正義曰云窮理盡性以至於命者說卦文也命者生之極窮理則盡其極也云五十而知天命者為政篇文云以知命之年讀至命之書故可以無大過矣者漢書儒林傳云孔子蓋晚而好易讀之韋編三絕而為之傳是孔子讀易之事也言孔子以知天命終始之年讀窮

理盡性以至於命之書則能避凶之吉而無過咎謙不敢自言盡無其過故但言可以無大過矣子所雅言孔曰雅言正言也詩書執禮皆雅言也鄭曰讀先王典法必正言其音然後義全故不可有所諱禮不誦故言執疏子所雅言詩書執禮皆雅言也。正義曰此章記孔子正言其音所諱避之事雅正也子所正言者詩書禮也此三者先王典法臨文教學讀之必正言其音然後義全故不可有所諱禮不背文誦但記其揖讓周旋執而行之故言執也舉此三者則六藝可知葉公問孔子於子路子路不對孔曰葉公名諸梁楚大夫食菜於葉僭稱公不對者未知所以答子曰女奚不曰其為人也發憤忘食樂以忘憂不知老之將至云爾疏葉公至云爾。正義曰此章記孔子之為人也葉公問孔子於子路子路不對者葉公名諸梁楚大夫食菜於葉僭稱公問孔子為人志行於子路子路未知所以答故不對子曰女奚不曰其為人也發憤忘食樂以忘憂不知老之將至云爾者孔子聞子路不能答故教之奚何也言女何不曰其孔子之為人

也發憤嗜學而忘食樂道以忘憂不覺老之將至云爾○註孔曰至以荅○正義曰云葉公名諸梁楚大夫食菜於葉
僭稱公者據左傳世本文也名諸梁字子高為葉縣尹楚子僭稱王故縣尹皆僭稱公也**子曰我非生**
而知之者好古敏以求之者也鄭曰善此者勸人學疏子曰我非
生而知之者好古敏以求之者也○正義曰此章勸人學也恐人以己為生知而不可學故告之曰我非生而知之者但
愛好古道敏疾求學而知之也**子不語怪力亂神**王曰怪怪異也力謂若奡盪舟烏獲舉千
鈞之屬亂謂臣弒君子弒父神謂鬼神之事或無益於教化或所不忍言疏子不語怪力亂神○正義曰此章記
夫子為教不道無益之事怪怪異也力謂若奡盪舟烏獲舉千鈞之屬也亂謂臣弒君子弒父也神謂鬼神之事或無益
於教化或所不忍言也李充曰力不由理斯怪力也神不由正斯亂神也怪力亂神有與於邪無益於教故不言也○註
烏獲舉千鈞○正義曰烏獲古之有力人三十斤為鈞言能舉三萬斤之重也**子曰三人行必**
有我師焉擇其善者而從之其不善者而改之

言我三人行本無賢愚擇善從之不善改之故無常師疏子曰三人行必有我師焉擇其善者而從之其不善
者而改之○正義曰此章言學無常師也言我三人行本無賢愚相懸但敵體耳然彼二人言行必有一人善一人不善
我則擇其善者而從之不善者而改之有善可從是為師矣故無常師也**子曰天生德於予**
桓魋其如予何包曰桓魋宋司馬天生德者謂授我以聖性德合天地吉無不利故曰其如予
何疏子曰天生德於予桓魋其如予何○正義曰此章言孔子無憂懼也案世家孔子適宋與弟子習禮大樹下
宋司馬桓魋欲殺孔子拔其樹孔子去弟子曰可以速矣孔子發此語言天生德於予者謂天授我以聖性德合天地吉
無不利桓魋雖必不能害我故曰其如予何**子曰二三子以我為隱乎吾無**
隱乎爾包曰二三子謂諸弟子聖人知廣道深弟子學之不能及以為有所隱匿故解之**吾無**
行而不與二三子者是丘也包曰我所為無不與爾共之者是丘之心
疏子曰至丘也○正義曰此章言孔子教人無所隱惜也子曰二三子以我為隱乎吾無隱乎爾者二三子謂諸

弟子也聖人知廣道深弟子學之不能及常以爲夫子有所隱匿故以此言解之言女以我爲隱我實無隱也吾無行而不與二三子者是丘也者我所行所爲無不與爾等共之者是丘之心也言心者使信其言也

子以四教文行忠信四者有形質可舉以教

疏 子以四教文行忠信。正義曰此章記孔子行教以此四事爲先也文謂先王之遺文行謂德行在心爲德施之爲行中心無隱謂之忠人言不欺謂之信此四者有形質故可舉以教也

子曰聖人吾不得而見之矣得見君子者斯可矣疾世無明君

子曰善人吾不得而見之矣得見有恒者斯可矣亡而爲有虛而爲盈約而爲泰難乎有恒矣孔曰難可名之爲有常

疏 子曰聖人至有恒矣。正義曰此章疾世無明君也子曰聖人吾不得而見之矣得見君子者斯可矣者聖人謂上聖之人若堯舜禹湯也君子謂行善無怠之君也言當時非但無聖人亦無君子也子曰善人吾不得而見之矣得見有恒者斯可矣者善人即君子也恒常也又言善人

之君吾不得而見之矣得見有常德之君斯亦可矣亡而爲有虛而爲盈約而爲泰難乎有恒矣者此明時無常德也亡無也時既澆薄率皆虛矯以無爲有將虛作盈內實窮約而外爲奢泰行既如此難可名之爲有常也

子釣而不綱弋不射宿孔曰釣者一竿釣綱者爲大綱以橫絕流以繳繫釣羅屬著綱弋繳射也宿宿鳥

疏 子釣而不綱弋不射宿。正義曰此章言孔子仁心也釣者以繳繫一竿而釣取魚也綱者爲大綱羅屬著綱以橫絕流而取魚也釣則得魚少綱則得魚多孔子但釣而不綱是其仁也弋繳射也宿宿鳥也夫子雖爲弋射但晝日爲之不夜射栖鳥也爲其欺暗必中且驚衆也。注孔曰至宿鳥。正義曰云釣者一竿釣綱者爲大綱以橫絕流以繳繫釣羅屬著綱者此注文句交互故少難解耳若其次序應云釣者一竿釣以繳繫釣綱者爲大綱以橫絕流羅屬著綱也繳即線也釣謂釣也謂以一竹竿用線繫釣而取魚也羅細綱也謂以繩爲大綱用綱以屬著此綱施之水中橫絕流以取魚舉綱則提其綱也云弋繳射也者夏官司弓矢云矰矢茀矢用諸弋射注云結繳於矢謂之矰矰高也茀矢象焉茀之言刜也二者皆可以弋飛鳥刜羅之也然則繳射謂以繩繫矢而射也鄭衆云繳謂生絲爲繩也 子

[illegible]

子以四教文行忠信

[illegible]

子曰聖人吾不得而見之矣得見君子者斯可矣

[illegible]

子曰善人吾不得而見之矣得見有恆者斯可矣亡而為有虛而為盈約而為泰難乎有恆矣

[illegible]

子釣而不綱弋不射宿

[illegible]

子

曰蓋有不知而作之者我無是也包曰時人有穿鑿妄作篇籍者以云然多聞擇其善者而從之多見而識之知之次也孔曰如此者次於天生知之

疏子曰至次也○正義曰此章言無穿鑿也子曰蓋有不知而作之者我無是也者言時人蓋有不知理道穿鑿妄作篇籍者我即無此事也多聞擇其善者而從之多見而識之知之次也者言人若多聞擇善而從之多見擇善而志之能如此者比天生知之可以爲次也言此者所以戒人不爲穿鑿

互鄉難與言童子見門人惑鄭曰互鄉鄉名也其鄉人言語自專不達時宜而有童子來見孔子門人怪孔子見之子曰與其進也不與其退也唯何甚孔曰教誨之道與其進不與其退怪我見此童子惡惡一何甚人絜己以進與其絜也不保其往也鄭曰往猶去也人虛己自絜而來當與之進亦何能保其去後之行

疏互鄉至往也○正義曰此章言教誨之道也互鄉難與言童子見門人惑者互鄉鄉名也其鄉人言語自專不達時宜而有童子來見孔子門人怪孔子見之琳公云此互鄉難與言童子見八字通爲一句言此鄉有一童子難與言非是一鄉皆難與言也子曰與其進也不與其退也唯何甚者孔子以門人怪己故以言語之言教誨之道與其進不與其退也怪我見此童子惡惡一何甚乎人絜己以進與其絜也不保其往也者往猶去也言人若虛己自絜而來當與之進亦何能保其去後之行去後之行者謂往前之行今已過去難數云往謂前日之行夫人之爲行未必可一或有始無終先迷後得教誨之道絜則與之往日之行非我所保也

子曰仁遠乎哉我欲仁斯仁至矣包曰仁道不遠行之即是

疏子曰仁遠乎哉我欲仁斯仁至矣○正義曰此章言仁道不遠行之即是故曰仁道豈遠乎哉我欲行仁即斯仁至矣是不遠也

陳司敗問昭公知禮乎孔曰司敗官名陳大夫昭公魯昭公孔子曰知禮孔子退揖巫馬期而進之曰吾聞君子不黨君子亦黨乎君取於吳爲同姓謂之吳孟子君而知禮孰不知

曰蓋有不知而作之者我無是也多聞擇其善者而從之多見而識之知之次也

互鄉難與言童子見門人惑子曰與其進也不與其退也唯何甚人潔己以進與其潔也不保其往也

子曰仁遠乎哉我欲仁斯仁至矣

陳司敗問昭公知禮乎孔子曰知禮

禮孔曰巫馬期弟子名施相助匿非曰黨魯吳俱姬姓禮同姓不昏而君取之當稱吳姬諱曰孟子巫馬期以告子曰丘也幸苟有過人必知之孔曰以司敗之言告也諱國惡禮也聖人道弘故受以爲過。疏子曰陳司至知之正義曰此章記孔子諱國惡之禮也陳司敗問昭公知禮乎者陳大夫爲司寇之官舊聞魯昭公有違禮之事故問孔子昭公知禮乎孔子曰知禮者荅言昭公知禮也孔子退揖巫馬期而進之曰吾聞君子不黨君子亦黨乎者相助匿非曰黨孔子既荅司敗而退去司敗復揖弟子巫馬期而進之問曰我聞君子不阿黨今孔子言昭公知禮乃是君子亦有黨乎君取於吳爲同姓謂之吳孟子君而知禮孰不知禮者孰誰也魯吳俱姬姓禮同姓不昏而君取之當稱吳姬爲是同姓諱之故謂之吳孟子若以魯君昭公而爲知礼又誰不知禮也巫馬期以告子曰丘也幸苟有過人必知之者巫馬期以司敗之言告孔子也孔子初言昭公知禮是諱國惡也諱國惡禮也但聖人道弘故受以爲過言丘也幸有過人必知之也○註司敗官名陳大夫正義曰文十一年左傳云楚子西曰臣歸死於司敗也杜註云陳楚名司寇爲司敗也傳言歸死於司敗知司敗主刑之官司寇是也此云陳司敗楚子西亦云司敗知陳楚同此名也○註孔曰至孟子正義曰云巫馬期弟子名施者史記弟子傳云巫馬施字子旗少孔子三十歲鄭玄云魯人也云魯吳俱姬姓者魯周公之後吳泰伯之後故云俱姬姓也云禮同姓不昏者曲禮云取妻不取同姓故買妾不知其姓則卜之又大傳曰繫之以姓而弗別綴之以食而弗殊雖百世而昏姻不通者周道然也云而君取之當稱吳姬而諱曰孟子者案春秋哀十二年夏五月甲辰孟子卒左氏傳曰昭公娶於吳故不書姓此云君娶於吳爲同姓謂之吳孟子是魯人常言稱孟子也坊記云魯春秋云夫人之姓曰吳其死曰孟子卒是舊史書爲孟子卒及仲尼脩春秋以魯人已知其非諱而不稱姬氏諱國惡禮也因而不改所以稱時世也魯春秋去夫人之姓曰吳者揔無此文坊記云然者禮夫人初至必書於典若娶齊女則云夫人姜氏至自齊孟子初至之時亦當書曰夫人姬氏至自吳同姓不得稱姬舊史所書蓋直云夫人至自吳是去夫人之姓直書曰吳而已仲尼脩春秋以犯禮明著全去其文故經無其事也○註孔曰至爲過正義曰云諱國惡禮也者僖元年左傳文也案坊記云善則稱君過則稱己則民作忠善則稱親過則稱己則民作孝是君親之惡務於欲掩之是故聖賢作法通有諱例杜預曰有時而聽之則可也

正以爲後法則不經故不奪其所諱亦不爲之定制言若不正爲後法每事皆諱則爲惡者無復忌憚居上者不知所懲不可盡令諱也人之所極唯君與親纔有小瑕即發其短非復臣子之心全無愛敬之義是故不抑不勸有時聽之以爲諱者禮也無隱者直也二者俱通以爲世教也云聖人道弘故受以爲過者孔子所言雖是諱國惡之禮聖人之道弘大故受以爲過也我若云孔子得巫馬期之言稱已名云是已受以爲過故云苟有過人必知之所以然者昭公不知禮我若云知禮若使司敗不譏我則千載之後遂永信我言用昭公所行爲知禮則亂禮之事從我而始今得司敗見非而受以爲過則後人不謬故我所以爲幸也繆協云諱則非諱若受而爲過則所諱者又以明矣亦非諱也歸司敗之罔則諱言以爲諱今苟將明其義故歸之言爲合禮也苟曰合禮則不爲黨矣若不受過則何禮之有乎

子與人歌而善必使反之而後和之樂其善故使重歌而自和之（疏）子與人歌至和之○正義曰此章明孔子重於正音也反猶重也孔子共人歌彼人歌善合於雅頌者樂其善故使重歌之審其歌然後自和而答之

子曰文莫吾猶人也莫無也文無者猶俗言文不也文不吾猶人者凡言文皆不勝於人

躬行君子則吾未之有得孔曰身爲君子已未能也（疏）子曰文莫吾猶人也躬行君子則吾未之有得○正義曰此章記夫子之謙德也莫無也文無者猶俗言文不也文不吾猶人者言凡文皆不勝於人但猶如常人也躬身也言身爲君子已未能也

子曰若聖與仁則吾豈敢孔曰孔子謙不敢自名仁聖

抑爲之不厭誨人不倦則可謂云爾已矣公西華曰正唯弟子不能學也馬曰正如所言弟子猶不能學況仁聖乎（疏）子曰至學也○正義曰此章亦記孔子之謙德也子曰若聖與仁則吾豈敢者聖與仁人行之大者也孔子謙不敢自名仁聖也抑爲之不厭誨人不倦則可謂云爾已矣者抑語辭爲猶學也孔子言己學先王之道不厭教誨於人不倦但可謂如此而已矣公西華曰正唯弟子不能學也者公西華聞孔子云學之不厭誨人不倦故荅於孔子曰正如所言不厭不倦之二事弟子猶不能學況仁聖乎

子疾病子路請禱包曰禱請於鬼神

子曰有諸周曰言有

[illegible]

子與人歌而善必使反之而後和之

[illegible]

子曰文莫吾猶人也躬行君子則吾未之有得

[illegible]

子曰若聖與仁則吾豈敢抑為之不厭誨人不倦則可謂云爾已矣公西華曰正唯弟子不能學也

[illegible]

子疾病子路請禱

[illegible]

此禱請於鬼神之事子路對曰有之誄曰禱爾于上下神祇孔曰子路失指誄禱篇名子曰丘之禱久矣孔曰孔子素行合於神明故曰丘之禱久矣

疏子疾至久矣○正義曰此章記孔子不諂求於鬼神也子疾病子路請禱者孔子疾病子路告請禱求於鬼神冀其疾愈也子曰有諸者諸之也孔子以死生有命不欲禱祈故反問子路曰有此禱請於鬼神之事乎子路對曰有之誄曰禱爾于上下神祇者誄禱篇名誄累也累功德以求福子路失孔子之指故曰有之又引禱篇之文以對也子曰丘之禱久矣者孔子不許子路故以此言拒之若人之履行違於神明則可禱請孔子素行合於神明故曰丘之禱久矣也

子曰奢則不孫儉則固與其不孫也寧固孔曰俱失之奢不如儉奢則僭上儉不及禮固陋也

疏子曰奢則不孫儉則固與其不孫也寧固○正義曰此章戒人奢僭也孫順也固陋也言奢則僭上而不順儉則偪下而寠陋二者俱失之與其不順也寧爲寠陋是奢不如儉也以其奢僭上儉但不及禮耳

子曰君子坦蕩蕩小人長戚戚鄭曰坦蕩蕩寬廣貌長戚戚多憂懼

疏子曰君子坦蕩蕩小人長戚戚○正義曰此章言君子小人心貌不同也坦蕩蕩寬廣貌長戚戚多憂懼也君子內省不疚故心貌坦蕩蕩然寬廣也小人好爲咎過故多憂懼

子溫而厲威而不猛恭而安

疏子溫而厲威而不猛恭而安○正義曰此章說孔子體貌也言孔子體貌溫和而能嚴正儼然人望而畏之而無剛暴雖爲恭孫而能安泰此皆與常度相反君子盛德之形他人不能唯孔子能然故記之也

論語註疏解經卷第七

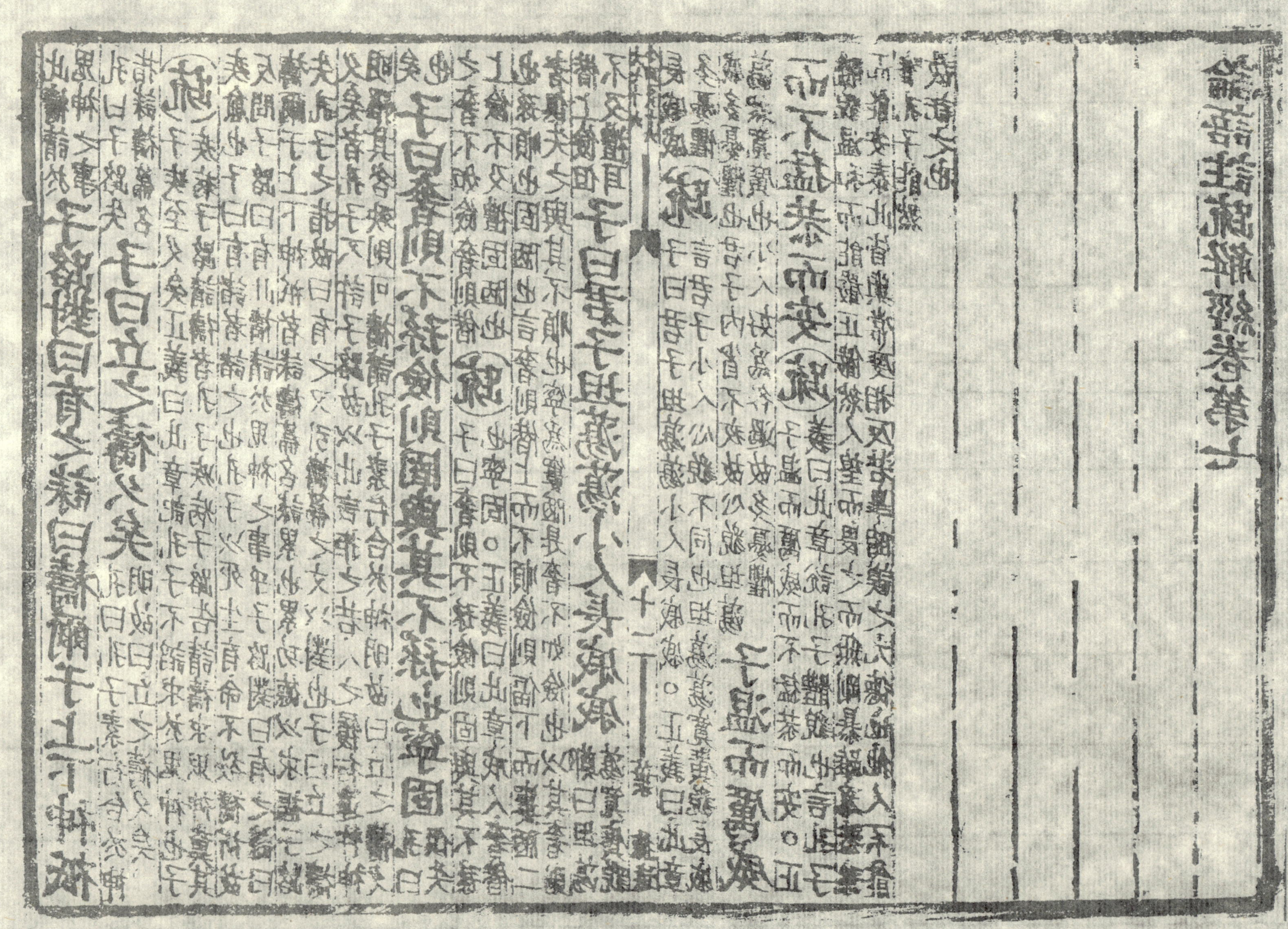

論語註疏解經卷第八

泰伯第八　何晏集解　邢昺疏

疏 正義曰此篇論禮讓仁孝之德賢人君子之風勸學立身守道爲政歎美正樂鄙薄小人遂稱堯舜禹文王武王以前篇論孔子之行此篇首末載賢聖之德故以爲次也

子曰泰伯其可謂至德也已矣三以天下讓民無得而稱焉 王曰泰伯周太王之長子次弟仲雍少弟季歷季歷賢又生聖子文王昌昌[illegible]下故泰伯以天下三讓於王季其讓隱故無得而稱言之者所以爲至德也

疏 子曰泰伯[illegible]謂至德[illegible]三以天下讓民無得而稱焉○正義曰此章論泰伯[illegible]德也泰伯周太王之長子次弟仲雍少弟季歷季歷[illegible]聖子文王昌昌必有天下故泰伯三以天下讓於王季[illegible]隱故民無得而稱言之者故所以爲至德而孔子美之[illegible]○註云泰伯周太王之長子次子仲雍次子季歷太王[illegible]歷賢又生文王有聖人表故欲立之而未有命太王[illegible]因適吳越採藥太王歿而不返季歷爲喪主一讓也季[illegible]之不來奔喪二讓也免喪之後遂斷髮文身三讓也三[illegible]美皆隱蔽不著故人無得而稱焉○注王曰至至德[illegible]○正義曰云泰伯周太王之長子云云者史記吳世家云泰[illegible]仲雍皆周太王之子而王季歷之兄也季歷賢而有聖子昌[illegible]太王欲立季歷以及昌於是泰伯仲雍二人乃奔荊[illegible]身[illegible]髮示不可用以避季歷季歷果立是爲王季而昌[illegible]泰伯之奔荊蠻自號句吳荊蠻義之從而歸之千餘[illegible]吳泰伯泰伯卒無子弟仲雍立是爲吳仲雍仲雍卒[illegible]立季簡卒子叔達立叔達卒子周章立是時周武王[illegible]太伯仲雍之後得周章周章已君吳因而封之乃封[illegible]弟虞仲於周之北故夏墟是爲虞仲列爲諸侯是泰伯[illegible]事也

子曰恭而無禮則勞慎而無禮則葸 [illegible]言慎而不以禮節之則常畏懼 勇而無禮則亂直而無禮則絞 馬曰絞絞刺也 君子篤於親則民興於仁故舊不遺則民不偷 包曰興起也君能厚於親屬不遺忘其故舊行之美者則民皆化之起爲仁厚之行不偷薄

疏

論語注疏解經卷第八

泰伯第八　　何晏集解　　邢昺疏

[illegible]

子曰泰伯其可謂至德也已矣三以天下讓民無得而稱焉

[illegible]

[illegible]

子曰恭而無禮則勞慎而無禮則葸勇而無禮則亂直而無禮則絞

[illegible]

君子篤於親則民興於仁故舊不遺則民不偷

[illegible]

子曰至不偷。○正義曰：此章貴禮也。子曰恭而無禮則勞者，謂困苦。言人為恭孫而無禮以節之，則自困苦，遂而無禮則葸者，葸，畏懼之貌。言慎而不以禮節之，則常畏懼也。勇而無禮則亂者，亂謂逆惡。言人勇而不以禮節之，則為亂逆也。直而無禮則絞者，正直為直，絞謂絞刺也。言人直而不以禮節之，則譏刺人之非也。君子篤於親則民興於仁者，君子，人君也。篤，厚也。興，起也。偷，薄也。言君[illegible]於親，則民興於仁[illegible]民化之，起為仁行，相親友也。君不遺忘其故舊[illegible]民德歸厚，不偷薄也。

曾子有疾，召門弟子曰：啟予足！啟予手！鄭曰：啟，開也。曾子以為受身體於父母，不敢毀傷，故使弟子開衾而視之也。詩云：戰戰兢兢，如臨深淵，如履薄冰。孔曰：言此詩者，喻己常戒慎，恐有所毀傷。而今而後，吾知免夫，小子！周曰：乃今日後，我自知免於患難矣。小子，弟子也。呼之者，欲使聽識其言。

疏 曾子至小子。○正義曰：此章言曾子之孝不敢毀傷也。曾子有疾，召門弟子曰啟予足啟予手者，啟，開也。曾子以[illegible]父母不敢毀傷，故有疾恐死，召其門弟子使開衾[illegible]明己不敢毀傷也。詩云戰戰兢兢如臨深淵如履薄冰[illegible]之[illegible]小旻篇文也。戰戰，恐懼。兢兢，戒慎。臨深恐墜，履薄恐陷。曾子言此詩者，喻己常戒慎，恐有所毀傷也。而今而後[illegible]小子者，[illegible]乃今日後自知[illegible]小子，弟子也。呼弟子者，欲使聽識其言也。

曾子有疾，孟敬子問之。馬曰：孟敬子，魯大夫仲孫捷。曾子言曰：鳥之將死，其鳴也哀；人之將死，其言也善。包曰：欲戒敬子，言我將死，言善可用。君子所貴乎道者三：動容貌，斯遠暴慢矣；正顏色，斯近信矣；出辭氣，斯遠鄙倍矣。鄭曰：此道謂禮也。動容貌，能濟濟蹌蹌，則人不敢暴慢之；正顏色，能矜莊嚴栗，則人不敢欺詐之；出辭氣，能順而說之，則無惡戾之言入於耳。籩豆之事，則有司存。包曰：敬子忽大務小，故又戒之以此。籩豆，禮器。

疏 曾子至司存。○正義曰：此章貴禮也。曾子有疾，孟敬子問之者，[illegible]曾子言曰鳥之將死其鳴也哀人之將死其言也善者，[illegible]欲戒敬子，先以此言告之，言我將死，言善可用[illegible]君子所貴乎道者三，動容貌斯遠暴慢矣[illegible]

出辭氣斯遠鄙倍矣者此其所戒之辭也道謂禮也言君子所崇貴乎禮者有三事也動容皃能濟濟蹌蹌則人不敢暴慢之正顏色能矜莊嚴栗則人不敢欺誕之出辭氣能順而說之則無鄙惡倍戾之言入於耳也人之相接先見容皃次觀顏色次交言語故三者相次而言也暴慢鄙倍同是惡事故俱云遠信是善事故云近也籩豆之事則有司存者敬子忽大事務小事故又戒之以此籩豆禮器也言[illegible]行禮之事則有所主者存焉此乃事之小者無用親之○注孟敬子魯大夫仲孫捷○正義曰鄭玄注檀弓云敬子[illegible]之子名捷是也○注包曰欲戒敬子言我將死言善可[illegible]○正義曰案春秋左氏傳魏顆父病困命使殺妾以殉[illegible]孟孝伯[illegible]將死其語偷又晉程鄭問降階之道[illegible]死而有貳疾此等並是將死之時其言皆變常而曾子云其[illegible]之疾[illegible]其言也善者但人之疾患有深有淺淺則神正[illegible]神[illegible]顆父初欲嫁妾是其神正之時曾子云其言[illegible]是[illegible]不困之日且曾子賢人至困猶善其中庸已下未[illegible][illegible]大[illegible]之魄苟欲偷生則趙孟孝伯程鄭之徒不足[illegible]籩豆禮器○正義曰周禮天官籩人掌四籩之實[illegible]四豆之實鄭注云籩竹器如豆者其容實皆四升[illegible]豆謂之豆竹豆謂之籩豆盛菹醢籩盛棗栗以供祭[illegible]故云禮器

曾子曰以能問於不能以多問於寡有若無實若虛犯而不校包曰校報也言見侵犯不報昔者吾友嘗從事於斯矣馬曰友謂顏淵疏曾子至斯矣○正義曰此章稱顏淵之德行也曾子曰以能問於不能以多問於寡有若無實若虛犯而不校者[illegible]言其好學時謙見侵犯而不報也昔者吾友嘗從事於斯矣者曾子云昔時我同志之友顏淵[illegible]於斯矣言能行此上之事也曾子曰可以託六尺之孤孔曰六尺之孤幼少之君可以寄百里之命孔曰攝君之政令臨大節而不可奪也大節安國家定社稷奪不可傾奪君子人與君子人也疏曾子至人也○正義曰此章論君子之[illegible]曾子曰可以託六尺之孤者謂[illegible]幼少之君也若周公霍光也可以寄百里之命者在[illegible]君之政令也臨大節而不可奪也者[illegible]大節安國家定社稷言事有可以安國家定社稷[illegible]不可傾奪也君子人與君子人也者言能此已上

之事可以謂之君子人與與者疑而未定之辭審而察之生
此上事者可謂君子無復疑也故又云君子人也○注孔曰
六尺之孤幼少之君○正義曰鄭注此云六尺之孤年十
五已下言已下者正謂十四已下亦可寄託非謂六尺可通
十四已下鄭知六尺年十五者以周禮鄉大夫職云國中自
七尺以及六十野自六尺以及六十有五皆征之以其國中
七尺爲二十對六十野云六尺對六十五晚校五年
明知六尺與七尺早校五年故以六尺爲十五也曾子
曰士不可以不弘毅任重而道遠包曰弘大也毅強而能斷也士
弘毅然後能負重任致遠路仁以爲己任不亦重乎死而後已
不亦遠乎孔曰以仁爲己任重莫重焉死而後已遠莫遠焉疏曾子至遠乎○正義曰此章
明士行也曾子曰士不可以不弘毅任重而道遠者弘大也毅強而能斷也言士能弘毅然後能負重任致遠路也仁以
爲己任不亦重乎死而後已不亦遠乎者復明任重道遠之事也言士以爲己任仁人難克畢之是他物之重莫重於此
人行仁則日月至焉而已矣士則死而後已是遠莫遠焉子曰興於詩包曰興起也言修身當先學詩

立於禮包曰禮者所以立身成於樂包曰樂所以成性疏子曰興於詩立於禮成於
樂○正義曰此章記人立身成德之法也興起也言人修身當先起於詩也立身必須學禮成性在於學樂不學詩無以
言不學禮無以立既學詩禮然後樂以成之也子曰民可使由之不可使知
之由用也可使用而不可使知者百姓能日用而不能知疏子曰民可使由之不可使知之○正義曰
此章言聖人之道深遠人不易知也由用也民可使用之而不可使知之者以百姓能日用而不能知其故也子
曰好勇疾貧亂也包曰好勇之人而患疾己貧賤者必將爲亂人而不仁
疾之已甚亂也包曰疾惡太甚亦使其爲亂疏子曰好勇疾貧亂也人而不仁疾之
已甚亂也○正義曰此章言小人之行也言好勇之人患疾己貧者必將爲逆亂也人若本性不仁則當以禮孫接不可
深疾之若疾惡太甚亦使爲亂也子曰如有周公之才之美使驕且
吝其餘不足觀也已孔曰周公者周公旦疏子曰如有周公之才之美使驕

[illegible]

曾子曰：士不可以不弘毅，任重而道遠。[illegible]

仁以為己任，不亦重乎？死而後已，不亦遠乎？[illegible]

子曰：興於詩，[illegible]立於禮，成於樂。[illegible]

子曰：民可使由之，不可使知之。[illegible]

子曰：好勇疾貧，亂也。人而不仁，疾之已甚，亂也。[illegible]

子曰：如有周公之才之美，使驕且吝，其餘不足觀也已。[illegible]

且吝其餘不足觀也已○正義曰此章戒人驕吝也周公周公旦也大聖之人也才美謂有周公之才美使爲驕矜且鄙吝其餘雖有善行不足觀也言爲鄙吝所擯弃也○註周公者周公旦○正義曰以春秋之世別有周公此孔子極言其才故而云周公恐與彼相嫌故註者別之

子曰三年學不至於穀不易得也孔曰穀善也言人三歲學不至於善不可得言必無也所以勸人學〔疏〕子曰三年學不至於穀不易得也○正義曰此章勸學也穀善也言人勸學三歲必至於善若三歲學不至於善不可得言必無也所以勸人學也

子曰篤信好學守死善道危邦不入亂邦不居天下有道則見無道則隱包曰言行當常然危邦不入始欲往亂邦不居今欲去亂謂臣弒君子弒父危者將亂之兆邦有道貧且賤焉恥也邦無道富且貴焉恥也〔疏〕子曰至恥也○正義曰此章勸人守道也子曰篤信好學者言厚於誠信而好樂問也守死善道者守節至死不離善道也危邦不入亂邦不居者亂謂臣弒君子弒父危者將亂之兆

也不入謂始欲往見其亂兆不復入也不居謂今欲見其已亂則遂去之也天下有道則見無道則隱者言值明君則當出仕遇闇主則當隱遯邦有道貧且賤焉恥也者恥其不得明君之祿也邦無道富且貴焉恥也者恥食汚君之祿以致富貴也言人之爲行當常如此

子曰不在其位不謀其政孔曰欲各專一於其職〔疏〕子曰不在其位不謀其政○正義曰此章戒人侵官也言不在此位則不得謀此位之政欲使各專一守於其本職也

子曰師摯之始關雎之亂洋洋乎盈耳哉鄭曰師摯魯大師之名始猶首也周道衰微鄭衛之音作正樂廢而失節魯大師摯識關雎之聲而首理其亂者洋洋盈耳聽而美之〔疏〕子曰師摯之始關雎之亂洋洋乎盈耳哉正義曰此章美正樂之音也師摯魯太師名也始猶首也關雎周南篇名正樂之首章也周道衰微鄭衛之音作正樂廢而失節魯太師摯識關雎之聲而首理其亂者洋洋盈耳聽而美之

子曰狂而不直孔曰狂者進取宜直侗而不愿孔曰侗未成器之人宜謹愿悾悾而不信包曰悾悾慤也宜可信吾不知之矣

孔曰言皆與常度反我不知之【疏】子曰狂而不直侗而不愿悾悾而不信吾不知之矣○正義曰此章孔子疾小人之性與常度反也狂者進取宜直而乃不直侗未成器之人宜謹愿而乃不愿悾悾[illegible]愨之人宜信而乃不信此等之人皆與常度反我不知之也

子曰學如不及猶恐失之學自外入至熟乃可長久如不及猶恐失之【疏】子曰學如不及猶恐失之○正義曰此章勸學也言學自外入至熟乃可長久故勤學汲汲如不及猶恐失之也何況怠惰而不汲汲者乎

子曰巍巍乎舜禹之有天下也而不與焉美舜禹也言己不與求天下而得之巍巍高大之稱【疏】子曰巍巍乎舜禹之有天下也而不與焉○正義曰此章美舜禹也巍巍高大之稱言舜禹之有天下自以功德受禪不與求而得之所以其德巍巍然高大也

子曰大哉堯之爲君也巍巍乎唯天爲大唯堯則之孔曰則法也美堯能法天而行化蕩蕩乎民無能名焉包曰蕩蕩廣遠之稱言其布德廣遠民無能識其名焉巍巍乎其有成功也功成化隆高大巍巍煥乎其有文章煥明也其立文垂制又著明【疏】

子曰至文章○正義曰此章歎美堯也子曰大哉堯之爲君也巍巍乎惟天爲大唯堯則之者則法也言大矣哉堯之爲君也聰明文思其德高大巍巍然有形之中唯天爲大萬物資始四時行焉唯堯能法此天道而行其化焉蕩蕩乎民無能名焉者蕩蕩廣遠之稱言其布德廣遠民無能識其名者焉巍巍乎其有成功也者言其治民功成化隆高大巍巍然煥乎其有文章者煥明也言其立文垂制又著明也

舜有臣五人而天下治孔曰禹稷契皋陶伯益武王曰予有亂臣十人馬曰亂治也治官者十人謂周公旦召公奭太公望畢公榮公太顛閎夭散宜生南宮适其一人謂文母孔子曰才難不其然乎唐虞之際於斯爲盛有婦人焉九人而已孔曰唐者堯號虞者舜號際者堯舜交會之間斯此也言堯舜交會之間比於周周最盛多賢才然尚有一婦人其餘九人而已大才難得豈不然乎三分天下有其二以服事殷周之德可

謂至德也已矣包曰殷紂淫亂文王爲西伯而有聖德天下歸周者三分有二而猶以服事殷故謂之至德

【疏】舜有至已矣。○正義曰此章論大才難得也舜有臣五人而天下治者言帝舜時有大才之臣五人而天下大治五人者禹也稷也契也皋陶也伯益也武王曰予有亂臣十人者亂治也周武王曰我有治官之臣十人者謂周公旦也召公奭也太公望也畢公也榮公也太顛也閎夭也散宜生也南宫适也其一人謂文母也孔子曰才難不其然乎唐虞之際於斯爲盛有婦人焉九人而已者記者舉舜及武王之時大才之人於上遂載孔子之言於下唐者堯號虞者舜號際者堯舜交會之間也斯此也言堯舜交會之間比於此周周最爲盛多賢才也然尚有一婦人其餘九人而已大才難得豈不然乎三分天下有其二以服事殷周之德其可謂至德也已矣者此孔子因美周文王有至聖之德也言殷紂淫亂文王爲西伯而有聖德天下歸周者三分有二而猶以服事殷故謂之至德也。○注孔曰禹稷契皋陶伯益。○正義曰案史記及舜典禹名文命鯀之子也舜命作司空平水土之官也稷名棄帝嚳之子也舜命爲后稷布種百穀之官也契亦帝嚳之子也佐禹治水有功舜命作司徒布五教之官也皋陶字庭堅顓頊之後舜命作士理官也

伯益皋陶之子舜命作虞官掌山澤之官也。○注馬曰至文母。○正義曰云亂治也釋詁文云十人謂周公旦以下者先儒相傳爲此說也案史記世家云周公名旦武王之弟也封於魯食菜於周謂之周公召公名奭與周同姓封於燕食邑於召謂之召公太公望呂尚也東海上人其先祖嘗爲四嶽佐禹平水土甚有功虞夏之際封於呂本姓姜氏從其封姓故曰呂尚呂尚蓋嘗窮困年老矣以魚釣奸周西伯西伯將出獵卜之曰所獲非龍非彲非虎非羆所獲霸王之輔於是周西伯獵果遇太公於渭之陽與語大說曰自吾先君太公曰當有聖人適周周以興子眞是邪吾太公望子久矣故號之曰太公望載與俱歸立爲太師劉向別錄曰師之尚之父之故曰師尚父父亦男子之美號孫子兵法曰周之興也呂牙在殷則牙又是其名字武王已平商而王天下封師尚父於齊畢榮皆國名入爲天子公卿畢公文王庶子太顛閎散南宫皆氏顛夭宜生适皆名也文母文王之后大姒也從夫之謚武王之母謂之文母周南召南言后妃夫人者皆是也。○注孔曰至然乎。○正義曰云唐者堯號虞者舜號者史記諸書皆言堯帝嚳之子帝摯之弟嚳崩摯立摯崩乃得位於堯書傳云堯年十六以唐侯升爲天子遂以爲號或謂之陶唐氏書曰惟彼陶唐世本云帝堯爲陶唐氏韋昭云陶唐

古國名猶湯稱殷商也案經傳契居商故湯以商爲國號後盤庚遷殷故殷商雙舉歷代書傳未聞帝堯居陶而以陶冠唐蓋以二字爲名所稱或單或複也舜之爲虞猶禹之爲夏外傳稱禹氏曰有夏則此舜氏曰有虞顓頊已來地爲國號而舜有天下號曰有虞氏是地名也王肅云虞地名也皇甫謐云堯以二女妻舜封之於虞今河東太陽山西虞地是也然則舜居虞地以虞爲氏堯封之虞爲諸侯及王天下遂爲天子之號故從微至著常稱虞氏○註包曰至至德○正義曰云殷紂淫亂者紂爲淫亂書傳備言若泰誓云沈湎冒色敢行暴虐之類是也云文王爲西伯而有聖德者鄭玄詩譜云周之先公曰太王者避狄難自豳始遷焉而修德建王業商王帝乙之初命其子王季爲西伯至紂又命文王典治南國江漢汝旁之諸侯是謂文王繼父之業爲西伯也殷之州長曰伯謂爲雍州伯也周禮八命作牧殷之州牧蓋亦八命如旱麓傳云九命然後錫以秬鬯圭瓚孔叢云羊容問於子思曰古之帝王中分天下而二公治之謂之二伯周自后稷封爲王者之後大王王季皆爲諸侯奚得爲西伯乎子思曰吾聞諸子夏云殷王帝乙之時王季以九命作伯於西受圭瓚秬鬯之賜故文王因之得專征伐此諸侯爲伯猶周召分陝皇甫謐亦云王季於帝乙殷王之時賜九命爲西長始受圭

瓚秬鬯皆以爲王季受九命作東西大伯鄭不見孔叢之書旱麓之箋不言九命則以王季爲州伯也文王亦爲州伯故西伯戡黎註云文王爲雍州之伯南兼梁荊在西故曰西伯文王之德優於王季文王尚爲州伯明王季亦爲州伯也楚辭天問曰伯昌號衰秉鞭作牧王逸註云伯謂文王也鞭以喻政言紂號令既衰文王執鞭持政爲雍州牧天問屈原所作去聖未遠謂文王爲牧明非大伯也所以不從毛氏言至紂又命文王者既以繼父爲伯又命之使兼治南國江漢汝旁之諸侯周本紀云季歷娶太任生昌有聖瑞古公曰我世當有興者其在昌乎後果受命爲文王也云天下歸周者三分有二而猶服事殷者鄭玄又云於時三分天下有其二以服事殷故雍梁荊豫徐揚之人咸被其德而從之鄭既引論語三分有二故據禹貢州名指而言之雍梁荊豫徐揚歸文王其餘冀青兖屬紂九州而有其六是爲三分有其二也書傳云文王率諸侯以事紂是猶服事殷也紂惡貫盈文王不忍誅伐猶服事之故謂之至德也

子曰禹吾無間然矣孔曰孔子推禹功德之盛美言已不能復間廁其間**菲飲食而致孝乎鬼神**馬曰菲薄也致孝鬼神祭祀豐絜**惡衣服而致美乎黻冕**

孔曰損其常服以盛祭服卑宮室而盡力乎溝洫包曰方里為井井間有溝溝廣深四尺十里為成成間有洫洫廣深八尺禹吾無間然矣

疏子曰至然矣正義曰此章美夏禹之功德也子曰禹吾無間然矣者間謂間厠孔子推禹功德之盛美言已不能復間厠其間也菲飲食而致孝乎鬼神者此下三事言其無間之事也菲薄也薄己飲食致孝鬼神令祭祀之物豐多絜靜也惡衣服而致美乎黻冕者黻冕皆祭服也言禹降損其常服以盛美其祭服也卑宮室而盡力乎溝洫者溝洫田間通水之道也言禹卑下所居之宮室而盡力以治田間之溝洫也以常人之情飲食務於肥濃禹則淡薄之衣服好其華美禹則麤惡之宮室多尚高廣禹則卑下之飲食鬼神所享故云致孝祭服備其采章故云致美溝洫人功所為故云盡力也禹吾無間然矣者美之深故再言之○註孔曰損其常服以盛祭服○正義曰鄭玄註云黻是祭服之衣冕其冠也左傳晉侯以黻冕命士會亦是也黻蔽膝也祭服謂之黻其他謂之韠俱以韋為之制同色異韠各從裳色黻其色皆赤尊卑以深淺為異天子朱諸侯黃朱大夫赤而已大夫以上冕服悉皆有黻故左傳亦言黻冕但冕服自有尊卑耳周禮司服云王之吉服

祀昊天上帝則服大裘而冕祀五帝亦如之享先王則衮冕享先公饗射則鷩冕祀四望山川則毳冕祭社稷五祀則希冕祭羣小祀則玄冕孤之服自希冕而下左傳士會之黻冕是希冕也此禹之黻冕則六冕皆是也○註包曰至八尺○正義曰方里為井井間有溝溝廣深四尺十里為成成間有洫洫廣深八尺者案考工記匠人為溝洫耜廣五寸二耜為耦一耦之伐廣尺深尺謂之畎田首倍之廣二尺深二尺謂之遂九夫為井井間廣四尺深四尺謂之溝方十里為成成間廣八尺深八尺謂之洫方百里為同同間廣二尋深二仞謂之澮鄭註云此畿內采地之制九夫為井井者方一里九夫所治之田也采地制井田異於鄉遂及公邑三夫為屋屋具也一井之中三屋九夫三三相具以出賦稅共治溝也方十里為成成中容一甸甸方八里出田稅緣邊一里治洫方百里為同同中容四都六十四成方八十里出田稅緣邊十里治澮是溝洫之法也

論語註疏解經卷第八

論語註疏解經卷第九

子罕第九　何晏集解　邢昺疏

疏　正義曰此篇皆論孔子之德行也故以次泰伯堯禹之至德

子罕言利與命與仁　罕者希也利者義之和也命者天之命也仁者行之盛也寡能及之故希言也

疏　子罕言利與命與仁。正義曰此章論孔子希言難及之事也罕希也與及也利者義之和也命者天之命也仁者行之盛也孔子以其利命仁三者常人寡能及之故希言也。注罕者至言也。正義曰釋詁云希罕也轉互相訓故罕得爲希也云義者利之和也者乾卦文言文也言天能利益庶物使物各得其宜而和同也此云利者謂君子利益萬物使物各得其宜足以和合於義法天之利也云命者天之命也者謂天所命生人者也天本無體亦無言語之命但人感自然而生有賢愚吉凶窮通夭壽若天之付命遣使之然故云天之命也云仁者行之盛也者仁者愛人以及物是善行之中最盛者也以此三者中知以下寡能及知故孔子希言也

達巷黨人曰大哉孔子博學而無所成名　鄭曰達巷者黨名也五百家爲黨此黨之人美孔子博學道藝不成一名而已　子聞之謂門弟子曰吾何執執御乎執射乎吾執御矣　鄭曰聞人美之承之以謙吾執御欲名六藝之卑也

疏　達巷至御矣。正義曰此章論孔子道藝該博也達巷黨人曰大哉孔子博學而無所成名者達巷者黨名也五百家爲黨此黨之人美孔子博學道藝不成一名而已子聞之謂門弟子曰吾何執執御乎執射乎吾執御矣者孔子聞人美之承之以謙故告謂門弟子曰我於六藝之中何所執守乎但能執御乎執射乎者疑而未定之辭又復謙指云吾執御矣以爲人僕御是六藝之卑者孔子欲名六藝之卑故云吾執御矣謙之甚矣

子曰麻冕禮也今也純儉吾從衆　孔曰冕緇布冠也古者績麻三十升布以爲之純絲也絲易成故從儉　拜下禮也今拜乎上泰也雖違衆吾從下　王曰臣之與君行禮者下拜然後成禮時臣驕泰故於上拜今從下禮之恭也

疏　子曰至從下。正義曰此章記孔子從恭儉

從衆者冕緇布冠也古者績麻三十升布以爲之故云麻冕禮也今也謂當孔子時純絲也絲易成故云純儉用絲雖不合禮以其儉易故孔子從之也拜下禮也今拜乎上泰也雖違衆吾從下者禮臣之與君行禮者下拜然後升成拜是禮也今時之臣皆拜於上驕泰也孔子以其驕泰則不孫故違衆而從下拜之禮恭故也○注孔曰至從儉○正義曰云冕緇布冠也者冠者首服之大名冕者冠中之別號故冕得爲緇布冠也士冠禮曰陳服緇布冠頍項青組纓屬于頍記曰始冠緇布之冠也大古冠布齊則緇之其緌也孔子曰吾未之聞也冠而敝之可也云古者績麻三十升布以爲之者鄭注喪服云布八十縷爲升○注王曰至恭也○正義曰云臣之與君行禮者下拜然後升成禮者案燕禮君燕卿大夫之禮也其禮云公坐取大夫所媵觶興以酬賓賓降西階下再拜稽首公命小臣辭賓升成拜鄭注升成拜復再拜稽首也先時君辭之於禮若未成然又覲禮天子賜侯氏以車服諸公奉篋服加命書于其上升自西階東面大史氏右侯氏升西面立大史述命侯氏降兩階之間北面再拜稽首升成拜皆是臣之與君行禮下拜然後升成禮也

子絕四毋意以道爲度故不任意毋必用之則行舍之則藏故無專必毋固無可無不可故無固行毋我述古而不自作處羣萃而不自異唯道是從故不有其身

【疏】子絕四毋意毋必毋固毋我○正義曰此章論孔子絕去四事與常人異也毋不也我身也常人師心徇惑自任己意孔子以道爲度故不任意常人行藏不能隨時用舍好自專必惟孔子用之則行舍之則藏不專必也常人之情可者與之不可者拒之好堅固其所行也孔子則無可無不可不固行也人多制作自異以擅其身孔子則述古而不自作處羣萃衆和光同塵而不自異故不有其身也

子畏於匡包曰匡人誤圍夫子以爲陽虎陽虎曾暴於匡夫子弟子顏尅時又與虎俱行後尅爲夫子御至於匡匡人相與共識尅又夫子容貌與虎相似故匡人以兵圍之曰文王既沒文不在茲乎孔曰茲此也言文王雖已沒其文見在此此自謂其身天之將喪斯文也後死者不得與於斯文也孔曰文王既沒故孔子自謂後死言天將喪此文者本不當使我知之今使我知之未欲喪也天之未喪斯文也匡人其如予何馬曰其如予何猶言奈我何也天之未喪此文則我當傳之匡人欲奈我何

子畏於匡。曰：文王既沒，文不在茲乎？天之將喪斯文也，後死者不得與於斯文也；天之未喪斯文也，匡人其如予何？

子絕四：毋意，毋必，毋固，毋我。

言其不能違天以害己也。

疏「子畏」至「予何」。○正義曰：此章記孔子知天命也。「子畏於匡」者，謂匡人以兵圍孔子，記者以衆情言之，故云子畏於匡，其實孔子無所畏也。「曰：文王既没，文不在茲乎」者，孔子以弟子等畏懼，故以此言論之。茲，此也。言文王雖已死，其文見在我此身也。「天之將喪斯文也，後死者不得與於斯文也」者，後死者，孔子自謂也。以文王既没，故孔子自謂已為後死者。言天將喪此文者，本不當使我知之，今使我知之，是天未欲喪此文也。「天之未喪斯文也，匡人其如予何」者，言匡人奈我何也。天之未喪此文，則我當傳之，匡人欲奈我何？言匡人不能違天以害己也。○注「包曰」至「匡人」。○正義曰：此注皆約《世家》，述其畏匡之由也。案《世家》云：孔子去衛，將適陳，過匡，顏剋為僕，以其策指之曰：「昔吾入此，由彼缺也。」匡人聞之，以為魯之陽虎。陽虎嘗暴匡人，匡人於是遂止孔子。孔子狀貌類陽虎，拘焉五日。匡人為孔子益急，弟子懼。孔子曰：「文王既没，文不在茲乎」已下，文與此正同，是其事也。

大宰問於子貢曰：「夫子聖者與？何其多能也？」孔曰：「大宰，大夫官名。或吳或宋，未可分也。疑孔子多能於小藝。」子貢曰：「固天縱之將聖，又多能也。」孔曰：「言天固縱大聖之德，又使多能也。」子聞之，曰：「大宰知我乎！吾少也賤，故多能鄙事。君子多乎哉？不多也。」包曰：「我少小貧賤，常自執事，故多能為鄙人之事。君子固不當多能。」

疏「大宰」至「多也」。○正義曰：此章論孔子多小藝也。「大宰問於子貢曰：夫子聖者與？何其多能也」者，大宰，大夫官名。大宰之意，以為聖人當務大忽小，今夫子既曰聖者與，又何其多能小藝乎？以為疑，故問於子貢。「子貢曰：固天縱之將聖，又多能也」者，言天固縱之大聖之德，又使多能也。「子聞之，曰：大宰知我乎」者，孔子聞大宰疑己多能非聖，故云知我乎，謙謙之意也。「吾少也賤，故多能鄙事」者，又說以多能之由也。言我自小貧賤，故多能為鄙人之事。「君子多乎哉？不多也」者，言君子固不當多能也，以為謙謙也。○注「孔曰」至「小藝」。○正義曰：云「大宰，大夫官名」者，案《周禮》大宰，六卿之長，卿即上大夫也，故云大夫官名也。云「或吳或宋，未可分也」者，以當時惟吳、宋二國有大宰，諸國雖有大宰，非上大夫，故云或吳或宋，未可分也。案《左傳》哀十二年，公會吳于橐皋，吳子使大宰嚭請尋盟，公不欲使大宰問於子貢曰：夫子聖者與？何其多能也？子貢曰：固天縱之將聖，又多能也。子聞之，曰：大宰知我乎！吾少也賤，故多能鄙事。君子多乎哉？不多也。

[illegible]

子貢對又子貢嘗適吳故鄭以爲是吳大宰嚭也

牢曰子云吾不試故藝鄭曰牢弟子子牢也試用也言孔子自云我不見用故多技藝（疏）牢曰子云吾不試故藝。正義曰此章論孔子多技藝之由但與前章異時而語故分之牢弟子琴牢也試用也言孔子自云我不見用於時故多能技藝。註牢弟子子牢也。正義曰家語弟子篇云琴牢衛人也字子開一字張此云弟子子牢當是耳

子曰吾有知乎哉無知也知者知意之知也知者言未必盡今我誠盡

有鄙夫問於我空空如也我叩其兩端而竭焉孔曰有鄙夫來問於我其意空空然我則發事之終始兩端以語之竭盡所知不爲有愛（疏）子曰至竭焉。正義曰此章言孔子教人必盡其誠也子曰吾有知乎哉無知也者知者意之所知也孔子言我有意之所知不盡以教人乎哉無之也常人知者言未必盡今我誠盡也有鄙夫問於我空空如也我叩其兩端而竭焉者此舉無知而誠盡之事也空空虛心也叩發動也兩端終始也言設有鄙賤之夫來問於我其意空空然我則發事之終始兩端以告語之竭盡所知不爲有愛言我教鄙夫尚竭盡所知況知禮義之弟子乎明無愛惜乎其意之所知也。註知者至誠盡。正義曰云知者知意之知也者知意之知謂意之所知也云知者言未必盡者言他人之知者言之以教人未必竭盡所知謂多所愛惜也云今我誠盡者謂孔子言今我教人實盡其意之所知無愛惜也故云無知也

子曰鳳鳥不至河不出圖吾已矣夫孔曰聖人受命則鳳鳥至河出圖今天無此瑞吾已矣夫者傷不得見也河圖八卦是也（疏）子曰鳳鳥不至河不出圖吾已矣夫。正義曰此章言孔子傷時无明君也聖人受命則鳳鳥至河出圖今天无此瑞則時無聖人也故歎曰吾已矣夫傷不得見也。註孔曰至是也。正義曰聖人受命則鳳鳥至河出圖者禮器云升中於天而鳳皇降援神契云德至鳥獸則鳳皇來天老曰鳳象前麐後蛇頸魚尾龍文龜背燕頷雞喙五色備舉出於東方君子之國翱翔四海之外過崐崘飲砥柱濯羽弱水莫宿風穴見則天下大安寧鄭玄以爲河圖洛書龜龍銜負而出如中候所說龍馬銜甲赤文綠色甲似龜背袤廣九尺上有列宿斗正之度帝王錄紀興亡之數是也孔安國以爲河圖則八卦是也

子見齊衰者冕衣裳者與瞽者包曰冕者冠也大夫之服

牢曰子云吾不試故藝

子曰吾有知乎哉無知也有鄙夫問於我空空如也我叩其兩端而竭焉

子曰鳳鳥不至河不出圖吾已矣夫

子見齊衰者冕衣裳者與瞽者

也瞽盲見之雖少必作過之必趨包曰作起也趨疾行也此夫子哀有喪尊在位恤不成人【疏】子見至必趨○正義曰此章言孔子哀有喪尊在位恤不成人也子見齊衰者冕衣裳者與瞽者齊衰周親之喪服也言齊衰則斬衰可知也冕冠也大夫之服也瞽盲也見之雖少必作過之必趨者作起也趨疾行也言夫子見此三種之人雖少坐則必起行則必趨

顏淵喟然歎曰喟歎聲仰之彌高鑽之彌堅言不可窮盡瞻之在前忽焉在後言恍惚不可為形象夫子循循然善誘人循循次序貌誘進也言夫子正以此道進勸人有所序博我以文約我以禮欲罷不能既竭吾才如有所立卓爾雖欲從之末由也已孔曰言夫子既以文章開博我又以禮節節約我使我欲罷而不能已竭我才矣其有所立則又卓然不可及言己雖蒙夫子之善誘猶不能及夫子之所立【疏】顏淵至也已○正義曰此章美夫子之道也顏淵喟然歎曰仰之彌高鑽之彌堅瞻之在前忽焉在

後者喟歎聲也彌益也顏淵喟然發歎言夫子之道高堅不可窮盡恍惚不可為形象故仰而求之則益高鑽研求之則益堅瞻之似若在前忽然又復在後也夫子循循然善誘人者循循次序貌誘進也言夫子以此道教人循循然有次序可謂善進勸人也博我以文約我以禮欲罷不能既竭吾才如有所立卓爾雖欲從之末由也已者末無也言夫子既開博我以文章又以禮節約我使我欲罷止而不能已竭盡我才矣其夫子更有所創立則又卓然絕異己雖欲從之無由得及言己雖蒙夫子之善誘猶不能及夫子之所立也

子疾病包曰疾甚曰病子路使門人為臣鄭曰孔子嘗為大夫故子路欲使弟子行其臣之禮病間曰久矣哉由之行詐也無臣而為有臣吾誰欺欺天乎孔曰少差曰間言子路久有是心非今日也且予與其死於臣之手也無寧死於二三子之手乎馬曰無寧寧也二三子門人也就使我有臣而死其手我寧死於弟子之手乎且予縱不得大葬孔曰君臣禮葬予死於道路乎馬曰

就使我不得以君臣禮葬有二三子在我寧當憂棄於道路乎

【疏】子疾至路乎○正義曰此章言孔子不欺也子疾病者疾甚曰病孔子嘗為魯大夫故子路欲使弟子行其家臣之禮以夫子為大夫君也病間曰久矣哉由之行詐也者少差曰間當其病時子路以門人為臣夫子不知及病少差知之乃責之言子路久有是詐欺之心非今日也故云久矣哉由之行詐也無臣而為有臣吾誰欺欺天乎者言我既去大夫是無臣也女使門人為臣是無臣而為有臣如此行詐人盡知之是人不可欺故云吾誰欺既人不可欺乃欲遠欺天乎且予與其死於臣之手也無寧死於二三子之手乎者無寧寧也二三子門人也言就使我有臣且我等其死於臣之手寧如死於其弟子之手乎且予縱不得大葬予死於道路乎者大葬謂君臣禮葬言且就使我縱不得以君臣禮葬有二三子在我寧當憂棄於道路乎言必不至死於道路也

子貢曰有美玉於斯韞匵而藏諸求善賈而沽諸馬曰韞藏也匵匵也謂藏諸匵中沽賣也得善賈寧肯賣之邪子曰沽之哉沽之哉我待賈者也包曰沽之哉不衒賣之辭我居而待賈

【疏】子貢至者也○正義曰此章言孔子藏德待用也子貢欲觀孔子聖德藏用何如故託玉以諮問也韞藏也匵匵也諸之沽賣也言人有美玉於此藏在匵中而藏之若求得善賈之賈寧肯賣之邪君子於玉比德子貢之意言夫子有美德而褱藏之若人虛心盡禮求之夫子肯與之乎子曰沽之哉沽之哉我待賈者也者孔子荅言我賣之哉不衒賣之辭不衒賣我居而待賈言有人虛心盡禮以求我道我即與之而不衒也

子欲居九夷馬曰九夷東方之夷有九種或曰陋如之何子曰君子居之何陋之有馬曰君子所居則化

【疏】子欲至之有○正義曰此章論孔子疾中國無明君也子欲居九夷者東方之夷有九種孔子以時無明君故欲居東夷或曰陋如之何者或人謂孔子言東夷僻陋無禮如何可居子曰君子居之何陋之有者孔子荅或人言君子所居則化使有禮義故云何陋之有○注馬曰九夷東方之夷有九種○正義曰案東夷傳云夷有九種曰畎夷于夷方夷黃夷白夷赤夷玄夷風夷陽夷又曰玄菟二曰樂浪三曰高驪四曰滿飾五曰鳧臾六曰索家七曰東屠八曰倭人九曰天鄙

子曰吾自

衞反魯然後樂正雅頌各得其所鄭曰反魯哀公十一年冬是時道衰樂廢孔子來還乃正之故雅頌各得其所疏子曰吾自衞反魯然後樂正雅頌各得其所。正義曰此章記孔子言正廢樂之事也孔子以定十四年去魯應聘諸國魯哀公十一年自衞反魯是時道衰樂廢孔子來還乃正之故雅頌各得其所也。註反魯魯哀公十一年冬。正義曰案左傳哀十一年冬衞孔文子之將攻大叔也訪於仲尼仲尼曰胡簋之事則嘗學之矣甲兵之事未之聞也退命駕而行曰鳥則擇木木豈能擇鳥文子遽止之曰圉豈敢度其私訪衞國之難也將止魯人以幣召之乃歸杜註云於是自衞反魯樂正雅頌各得其所是也

子曰出則事公卿入則事父兄喪事不敢不勉不爲酒困何有於我哉馬曰困亂也疏子曰出則事公卿入則事父兄喪事不敢不勉不爲酒困何有於我哉。正義曰此章記孔子言忠順孝悌哀喪慎酒之事也困亂也言出仕朝廷則盡其忠順以事公卿也入居私門則盡其孝悌以事父兄也若有喪事則不敢不勉力以從禮也未嘗爲酒亂其性也他人無是行於我獨有之故曰何有於我哉

子在川上曰逝者如斯夫不舍晝夜包曰逝往也言凡往也者如川之流疏子在川上曰逝者如斯夫不舍晝夜。正義曰此章記孔子感歎時事既往不可追復也逝往也夫子因在川水之上見川水之流迅速且不可追復故感之而興歎言凡時事往者如此川之流天不以晝夜而有舍止也

子曰吾未見好德如好色者也疾時人薄於德而厚於色疏子曰吾未見好德如好色者也。正義曰此章孔子疾時人薄於德而厚於色故發此言也

子曰譬如爲山未成一簣止吾止也包曰簣土籠也此勸人進於道德爲山者其功雖已多未成一籠而中道止者我不以其前功多而善之見其志不遂故不與也譬如平地雖覆一簣進吾往也馬曰平地者將進加功雖始覆一簣我不以其功少而薄之據其欲進而與之疏子曰至往也。正義曰此章孔子勸人進於道德也譬如爲山未成一簣止吾止也者簣土籠也言人之學道垂成而止前功雖多吾亦不與也譬如爲山者其功雖已多未成一籠而中道止者我不以其前功多而善之見其志不遂

故吾止而不與也譬如平地雖覆一簣進吾往也者言人進德脩業功雖未多而強學不息則吾與之也譬如平地者將進加功雖始覆一簣我不以其功少而薄之據其欲進故吾往而與之也

子曰語之而不惰者其回也與顔淵解故語之而不惰餘人不解故有惰語之時〔疏〕子曰語之而不惰者其回也與○正義曰此章美顔回也惰謂懈惰也言餘人不能盡解故有懈惰於夫子之語時其語之而不懈惰者其唯顔回也與顔淵解故也

子謂顔淵曰惜乎吾見其進也未見其止也包曰孔子謂顔淵進益未止痛惜之甚〔疏〕子謂顔淵曰惜乎吾見其進也未見其止也○正義曰此章以顔回早死孔子於後歎惜之也孔子謂顔淵進益未止痛惜之甚也

子曰苗而不秀者有矣夫秀而不實者有矣夫孔曰言萬物有生而不育成者喻人亦然〔疏〕子曰苗而不秀者有矣夫秀而不實者有矣夫○正義曰此章亦以顔回早卒孔子痛惜之爲之作譬也言萬物有生而不育成者喻人亦然也

子曰後生可畏焉知來者之不如今也後生謂年少四十五十而無聞焉斯亦不足畏也已〔疏〕子曰至也已○正義曰此章勸學也子曰後生可畏焉知來者之不如今也者後生謂年少也言年少之人足以積學成德誠可畏也安知將來者之道德不如我今日也四十五十而無聞焉斯亦不足畏也已者言年少時不能積學成德至於四十五十而令名無聞雖欲強學終無成德故不足畏也

子曰法語之言能無從乎改之爲貴孔曰人有過以正道告之口無不順從之能必自改之乃爲貴巽與之言能無說乎繹之爲貴馬曰巽恭也謂恭遜謹敬之言聞之無不說者能尋繹行之乃爲貴說而不繹從而不改吾末如之何也已矣〔疏〕子曰至已矣○正義曰此章貴行也子曰法語之言能無從乎改之爲貴者謂人有過以禮法正道之言告語之當時口無不順從之皆口雖服從未足可貴能必自改之乃爲貴耳巽與之言能無說乎繹之爲貴者巽恭也繹尋繹也謂以恭孫謹敬之言與之當時聞之無不喜說者雖聞之喜說未足可貴必能尋繹其言

行之乃爲貴也說而不繹從而不改吾末如之何也已矣者謂口雖說從而行不尋繹追改亦夫形服而心不化故云末如之何猶言不可奈何也

子曰主忠信毋友不如己者過則勿憚改 鄭曰愼所主友有過務改皆所以爲益

疏 子曰主忠信毋友不如己者過則勿憚改○正義曰此章戒人忠信改過也主猶親也憚猶難也言凡所親狎皆須有忠信者也無得以忠信不如己者爲友也苟有其過無憚於改也學而篇已有此文記者異人故重出之

子曰三軍可奪帥也匹夫不可奪志也 孔曰三軍雖衆人心不一則其將帥可奪而取之匹夫雖微苟守其志不可得而奪也

疏 子曰三軍可奪帥也匹夫不可奪志也○正義曰此章言人守志不移也萬二千五百人爲軍匹夫謂庶人也三軍雖衆人心不一則其將帥可奪而取之匹夫雖微苟守其志不可得而奪也士大夫已上有妾媵庶人賤但夫婦相匹配而已故云匹夫

子曰衣敝縕袍與衣狐貉者立而不恥者其由也與 孔曰縕枲著 不忮不求何用不臧 馬曰忮害也臧善也言不忮害不貪求何用爲不善疾貪惡忮害之詩

子路終身誦之子曰是道也何足以臧 馬曰臧善也尚復有美於是者何足以爲善

疏 子曰至以臧○正義曰此章善仲由也子曰衣敝縕袍與衣狐貉者立而不恥者其由也與者縕枲著也縕袍衣之賤者狐貉裘之貴者常人之情著破敗之縕袍與著狐貉之裘者並立則皆慙恥而仲由不恥者唯其仲由也與不忮不求何用不臧者忮害也臧善也言不忮害不貪求何用爲不善言仲由不忮不貪求何用爲不善此詩邶風雄雉之篇疾貪惡忮害之詩也孔子言之以善子路也子路終身誦之者子路以夫子善己故常稱誦之子曰是道也何足以臧者孔子見子路誦之不止抑其伐善故抑之言人行尚復有美於是者此何足以爲善○注孔曰縕枲著○正義曰案玉藻云纊爲繭縕爲袍鄭云衣有著之異名也纊謂今之新綿縕謂今纊及舊絮也然則今云枲著者雜用枲麻以著袍也

子曰歲寒然後知松柏之後彫也 大寒之歲衆木皆死然後知松柏小彫傷平歲則衆木亦有不死者故須歲寒而後別之喻凡人處治世亦能自脩整與君子同在濁世然後知君子之正不苟容

疏 子曰歲寒

[illegible]

子曰：主忠信，毋友不如己者，過則勿憚改。[illegible]

子曰：三軍可奪帥也，匹夫不可奪志也。[illegible]

子曰：衣敝縕袍，與衣狐貉者立，而不恥者，其由也與？不忮不求，何用不臧？[illegible]子路終身誦之。子曰：是道也，何足以臧？[illegible]

子曰：歲寒，[illegible]

然後知松栢之後彫也。○正義曰此章喻君子也大寒之歲衆木皆死然後知松栢小彫傷君平歲則衆木亦有不死者故須歲寒而後別之喻凡人處治世亦能自脩整與君子同在濁世然後知君子之正不苟容也

子曰知者不惑 包曰不惑亂 仁者不憂 孔曰無憂患 勇者不懼 疏 子曰知者不惑仁者不憂勇者不懼○正義曰此章言知者明於事故不惑亂仁者知命故無憂患勇者果敢故不恐懼

子曰可與共學未可與適道 適之也雖學或得異端未必能之道 可與適道未可與立 雖能之道未必能有所立 可與立未可與權 雖能有所立未必能權量其輕重之極 唐棣之華偏其反而豈不爾思室是遠而 逸詩也唐棣栘也華反而後合賦此詩者以言權道反而後至於大順思其人而不自見者其室遠也以言思權而不得見者其道遠也 子曰未之思也夫何遠之有 夫思者當思其反反是不思所以為遠能思其反何遠之有言權可知唯不知思耳思之有次序斯可知矣

疏 子曰至之有。○正義曰此章論權道也子曰可與共學未可與適道者適之也言人雖可與共學所學或得異端未必能之正道故未可與適道也可與適道未可與立者言人雖能之道未必能有所立故未可與立也可與立未可與權者言人雖能有所立未必能隨時變通權量其輕重之極也唐棣之華偏其反而豈不爾思室是遠而者此逸詩也唐棣栘也其華偏然反而後合賦此詩者以言權道亦先反常而後至於大順也豈不爾思者言誠思爾也誠思其人而不得見者其室遠也以喻思權而不得見者其道遠也子曰未之思也夫何遠之之有者言夫思者當思其反常若不思是反所以為遠能思其反何遠之有言權可知唯不知思耳儻能思之有次序斯可知矣記者嫌與詩言相亂故重言子曰也。○註唐棣栘也○正義曰釋木文也舍人曰唐棣一名栘郭璞曰似白楊江東呼夫栘詩召南云唐棣之華陸機云奧李也一名雀梅亦曰車下李所在山皆有其華或白或赤六月中熟大如李子可食

論語註疏解經卷第九

子曰可與共學未可與適道可與適道未可與立可與立未可與權

唐棣之華偏其反而豈不爾思室是遠而

子曰未之思也夫何遠之有

論語註疏解經卷第十

鄉黨第十　何晏集解　邢昺疏

疏　正義曰此篇唯記孔子在魯國鄉黨中言行故分之以次前篇也此篇雖曰一章其間事義亦以類相從今各依文解之

孔子於鄉黨恂恂如也似不能言者　王曰恂恂溫恭之貌　其在宗廟朝廷便便言唯謹爾　鄭曰便便辯也雖辯而謹敬　朝與下大夫言侃侃如也　孔曰侃侃和樂之貌　與上大夫言誾誾如也　孔曰誾誾中正之貌　君在踧踖如也與與如也　馬曰君在視朝也踧踖恭敬之貌與與威儀中適之貌

疏　孔子至與與如也○正義曰此一節記言語及趨朝之禮容也孔子於鄉黨恂恂如也似不能言者恂恂溫恭之貌言孔子在於鄉黨中與故舊相接常溫和恭敬恂恂然如似不能言者道其謙恭之甚也凡言如也者皆謂如此義也其在宗廟朝廷便便言唯謹爾者便便辯也宗廟行禮之處朝廷布政之所當詳問極言故辯治也雖辯而唯謹敬朝與下大夫言侃侃如也與上大夫言誾誾如也者侃侃和樂之貌誾誾中正之貌下大夫稍卑故與之言可以和樂上大夫卿也爵位既尊故與之言常執中正不敢和樂也君在踧踖如也與與如也者君在謂視朝時也踧踖恭敬之貌與與威儀中適之貌既當君在之所故恭敬使威儀中適不敢解惰也

君召使擯　鄭曰君召使擯者有賓客使迎之　色勃如也　孔曰必變色　足躩如也　包曰足躩盤辟貌　揖所與立左右手衣前後襜如也　鄭曰揖左人左其手揖右人右其手一俛一仰衣前後襜如也　趨進翼如也　孔曰言端好　賓退必復命曰賓不顧矣　鄭曰復命白君賓已去矣

疏　君召使擯至顧矣○正義曰此一節言君召孔子使為擯之禮也擯謂主國之君所使出接賓者也色勃如也足躩如也者勃然變色也足躩盤辟貌既傳君命以接賓故必變色而加肅敬也足容盤辟雖然不敢懈慢也揖所與立左右手衣前後襜如也者謂交擯時

命時揖左人左其手揖右人右其手一俛一仰衣前後襜如也趨進翼如也者謂疾趨而進張拱端好如鳥之張翼也賓退必復命曰賓不顧矣謂賓禮畢上擯送賓出以告白君賓已去矣不反顧也○註鄭曰至亦也○正義曰云揖左人左其手揖右人右其手者謂傳擯時也案諸侯自相為賓之禮凡賓主各有副賓副曰介主副曰擯及行人若諸侯自行則介各從其命數至主國大門外主人及擯出門相接若主君是公則擯者五人侯伯則擯者四人子男則擯者一人所以不隨命數者謙也故並用強半之數也賓若是公來至門外直當闑西去門九十步而下車當軹北鄉而立鄭註考工記云軹轂末也其侯伯立當前侯胡下子男立當衡註衡謂車軏其君當軫而九介立在君之北還迤西北並東鄉而列主公出直闑東南西鄉立擯在主人之南還迤東南立並西鄉也使末擯與末介相對中間傍相去三丈六尺列擯介既竟則主君就擯求辭所以須求辭者不敢自許人求詣已恐為他事而至故就求辭自謙之道也求辭之法主人先傳求辭之言與上擯上擯以至次擯次擯以繼傳以至末擯末擯傳與賓末介末介以次繼傳上至於賓賓答辭隨其來意又從上介而傳下至末介末介又傳與末擯末擯傳相次而上至於主人傳辭既竟而後進迎賓至門知擯介朝位如此者大行

人職文又知傳辭拜迎賓前至門者司儀職文其傳辭司儀之交擯也其列擯介傳辭委曲約聘禮文君若諸侯使卿大夫相聘其介與主位則大行人云卿大夫之禮各下其君二等鄭註云介與朝位是也主君待之擯數如待其君其有異者主君至大門而不出限南面而立也若公之使亦直闑西北鄉七介而去門七十步侯伯之使列五介而去門五十步子男之使三介而去門三十步上擯出闑外闑東南西鄉陳介西北東面邐迤如君自相見也而末介末擯相對亦相去三丈六尺陳擯介竟則不傳命而上擯進至末擯間南揖賓賓亦進至末介間上擯與賓相去亦三丈六尺而上擯揖而請事入告君君在限內後乃相與入也知者約聘禮文不傳辭司儀及聘禮謂之旅擯君自來所以必傳命者聘義云君子於其所尊弗敢質敬之至也又若天子春夏受朝宗則無迎法受享則有之故大行人云廟中將幣三享鄭云朝先享不言朝者朝正禮不嫌有等也若秋冬覲遇一受之於廟則亦無迎法故郊特牲云覲禮天子不下堂而見諸侯明冬遇依春也以[illegible]擯之禮依次傳命上擯左人左其手揖右人右其手一俛一仰使衣前後襜如也○註鄭曰復命白君賓已去矣○正義曰案聘禮行聘享私覿禮畢賓出公再拜送賓不顧聘禮云公既拜客趨辟君命上擯送賓出反告賓不顧矣

既出君可以反路寢矣

入公門鞠躬如也如不容孔曰斂身立不中門行不履閾孔曰閾門限過位色勃如也足躩如也包曰過君之空位其言似不足者攝齊升堂鞠躬如也屏氣似不息者孔曰皆重慎也衣下曰齊攝齊者摳衣也出降一等逞顏色怡怡如也孔曰先屏氣下階舒氣故怡怡如也沒階趨進翼如也孔曰沒盡也下盡階復其位踧踖如也孔曰來時所過位

疏入公門至踧踖如也○正義曰此一節記孔子趨朝之禮容也入公門鞠躬如也如不容者鞠躬曲斂也躬身也君門雖大斂身如狹小不容受其身也立不中門者中門謂棖闑之中央君門中央有闑兩旁有棖棖謂之門梐棖闑之中是尊者所立處故人臣不得當之而立也行不履閾者閾門限也出入不得踐履門限所以爾者一則自高二則不淨並為不敬過位色勃如也足躩如也者過位過君之空位也謂門屏之間人君宁立之處君雖不在此位人臣過之宜敬故勃然變色足盤辟而為敬也其言似不足者下氣怡聲如似不足者也攝齊升堂鞠躬如也屏氣似不息者皆重慎也衣下曰齊攝齊者摳衣也將升堂時以兩手當裳前提挈裳使起恐衣長轉足躡履之仍復曲斂其身以至君所則屏藏其氣似無氣息者也出降一等逞顏色怡怡如也者以先時屏氣出下階一級則舒氣故解其顏色怡怡然和說也沒階趨進翼如也者沒盡也下盡階則疾趨而出張拱端好如鳥之舒翼也復其位踧踖如也者復至其來時所過之位則又踧踖恭敬也○注閾門限○正義曰釋宮云柣謂之閾孫炎云閾門限也經傳諸言閾皆以閾為門限為內外之限約也○注衣下曰齊攝齊者摳衣也○正義曰曲禮云兩手摳衣去齊尺鄭注云齊謂裳下緝也然則衣謂裳也此衣下則上衣也衣下曰裳裳下曰齊攝齊謂衣裳提挈也謂提挈裳前使去地一尺也

執圭鞠躬如也如不勝包曰為君使聘問鄰國執持君之圭鞠躬者敬慎之至上如揖下如授勃如戰色足蹜蹜如有循鄭曰上如揖授玉宜敬下如授不敢忘禮戰色敬也足蹜蹜如有循舉前曳踵行享禮有容色鄭曰享獻也聘禮既聘而享用圭璧有庭實私覿愉愉如也鄭曰

覿見也既享乃以私禮見愉愉顏色和【疏】執圭至愉愉如也○正義曰此節記爲君使聘鄰國之禮容也執圭鞠躬如也如不勝者言執持君之圭以聘鄰國而鞠躬如不能勝重慎之至也上如揖下如授者上謂授玉時宜敬故如揖也下謂既授玉而降雖不執玉猶如授時不敢忘禮也勃如戰色足蹜蹜如有循者亦謂執圭行聘時戰栗其顏色敬也足則舉前曳踵而行蹜蹜如有所循也享禮有容色者享獻也聘禮既聘而享用圭璧有庭實聘時執圭致命其勃如戰色至行享時則稍許有容色不復戰栗私覿愉愉如也者覿見也愉愉顏色和也謂既享乃以私禮見故顏色愉愉然和說也○注包曰至之至○正義曰云爲君使聘問鄰國執持君之圭者案聘禮云賓襲執圭致命公側襲受玉于中堂與東楹之間是其事也凡執玉之禮太宗伯云公執桓圭注云雙植謂之桓桓宮室之象所以安其上也圭長九寸故玉人云命圭九寸公守之是也宗伯又云侯執信圭伯執躬圭注云蓋皆象以人形爲瑑飾文有麤縟耳欲其慎行以保身圭皆長七寸故玉人云命圭七寸謂之信圭侯守之命圭七寸謂之躬圭伯守之江南儒者解云直者爲信其文縟細曲者爲躬其文麤略義或然也宗伯又云子執穀璧男執蒲璧注云穀所以養人蒲爲席所以安人不執圭者未成國也蓋瑑爲穀稼及蒲葦之文蓋皆徑五寸故大行人云子執穀璧男執蒲璧五寸是也凡圭廣三寸厚半寸剡上左右各寸半知者聘禮記文其璧則內有孔外有玉其孔謂之好爾雅釋器云肉倍好謂之璧好倍肉謂之瑗肉好若一謂之環此謂諸侯所執圭璧皆朝於王及相朝所用也故典瑞[illegible]則云朝覲宗遇會同於王諸侯相見亦如之是其瑑陳[illegible]右皆用璋知者以聘禮聘君用圭聘夫人以璋則公侯伯朝天子及后亦然也其子男既朝王王用璧朝后宜用璧琮相對故也鄭注小行人云其上公及二王之後享天子圭以馬享后璋以皮其侯伯子男享天子璧以帛享后琮以錦其玉大小各如其命數知者玉人云璧琮九寸諸侯以享天子是也其諸侯相朝所執之玉與朝天子同其享玉皆以璧享君以琮享夫人明相朝禮亦當然子男相享則用琥璜以繡璜以黼故鄭注小行人云其於諸侯亦用璧琮耳子男於諸侯則享用琥璜下其瑞是也其諸侯之臣聘天子及諸侯其聘玉及享玉降其君瑞一等故玉人云瑑圭璋八寸璧琮八寸以覜聘是也○注[illegible]如也○正義曰案玉藻云執龜玉舉前曳踵蹜蹜如也謂將行之時初舉足前後曳足跟行不離地蹜蹜如有循舉足狹數蹜蹜如也玉藻又云圓豚行不舉足齊如流是

云周轉也勝之言君有所俯不舉足曳踵則衣之齊如水之流矣孔子執圭則然小徐趨也○鄭曰至庭實○正義曰享獻也釋詁文也云聘禮既聘而享用圭璧有庭實者案覲禮侯氏既見乃云四享皆束帛加璧庭實唯國所有鄭玄云四當為三大行人職曰諸侯廟中將幣皆三享其禮差又無取於四也初享或用馬或用虎豹之皮其次享三牲魚腊籩豆之實龜也金也丹漆絲纊竹箭也其餘無常貨此物非一國所能有唯國所有分為三享皆以璧帛致之禮器云大饗其王事與三牲魚腊四海九州之美味也籩豆之薦四時之和氣也內金示和也束帛加璧尊德也龜為前列先知也金次之見情也丹漆絲纊竹箭與衆共財也其餘無常貨各以其國之所有則致遠物也郊特牲曰旅幣無方所以別土地之宜而節遠邇之期也龜為前列先知也以鍾次之以和居參之也虎豹之皮示服猛也束帛加璧往德也鄭玄覲禮之注所言出於彼也諸侯相朝聘其禮亦然案聘禮賓裼奉束帛加璧享記曰凡庭實隨入左先皮馬相間可也小行人職云合六幣圭以馬璋以皮璧以帛琮以錦琥以繡璜以黼此六物者以和諸侯之好故鄭注云合同也六幣所以享也五等諸侯享天子用璧享后用琮其大各如其瑞皆有庭實以馬若皮皮虎豹皮也用圭璋者二王之後也二王後尊故

享用圭璋而特之禮器曰圭璋特是也其於諸侯亦用璧琮耳子男於諸侯則享用琥璜下其瑞也凡二王後諸侯相享之玉大小各降其瑞一等及使卿大夫覜聘亦如之是用圭璧有庭實也○注既享乃以私禮見○正義曰案聘禮擯者出請事賓告事畢賓奉束錦以請覿注云覿見也鄉將公事是欲交其歡敬也不用羔因使而見非特來是也

君子不以紺緅飾孔曰一入曰緅飾者不以為領袖緣也紺者齊服盛色以為飾衣似衣齊服緅者三年練以緅飾衣為其似衣喪服故皆不以為飾衣紅紫不以為褻服王曰褻服私居服非公會之服皆不正褻尚不衣正服無所施當暑袗絺綌必表而出之孔曰暑則單服絺綌葛也必表而出之加上衣緇衣羔裘素衣麑裘黃衣狐裘褻裘長短右袂孔曰服皆中外之色相稱也私家裘長主溫短右袂便作事必有寢衣長一身有半孔曰今之被也狐貉之厚以居鄭曰在家以接賓客去喪無所不佩孔曰去除也非喪則備佩所宜佩也非帷裳必殺

[illegible]

君子不以紺緅飾[illegible]紅紫不以為褻服[illegible]

當暑袗絺綌必表而出之[illegible]

緇衣羔裘素衣麑裘黃衣狐裘[illegible]

褻裘長短右袂[illegible]必

有寢衣長一身有半[illegible]狐貉之厚以居[illegible]

去喪無所不佩[illegible]非帷裳必殺之[illegible]

之王曰衣必有殺縫唯帷裳無殺也羔裘玄冠不以弔孔曰喪主素吉主玄吉凶異服

吉月必朝服而朝孔曰吉月月朔也朝服皮弁服齊必有明衣布

孔曰以布爲沐浴衣【疏】君子至明衣布○正義曰此一節記孔子衣服之禮也君子不以紺緅飾者君子謂孔子也紺玄色緅淺絳色飾者領緣也紺者齊服盛色以爲飾衣似衣齊服緅者三年練以緅飾衣爲其似衣喪服故皆不以爲飾衣紅紫不以爲褻服者紅南方間色紫北方間色褻私居服非公會之服以其紅紫二色皆不正故不以爲褻服褻服尚不用則正服無所施可知也但言紅紫則五方間色皆不用也當暑袗絺綌必表而出之者袗單也絺葛也精曰絺麤曰綌暑則單服必加尚表衣然後出之爲其形褻故也緇衣羔裘素衣麑裘黃衣狐裘者凡祭服先加明衣次加中衣冬則次加袍繭夏則不袍繭用葛也次加祭服若朝布衣亦先以明衣親身次加中衣冬則次加裘裘上加裼衣裼衣之上加朝服夏則中衣之上不用裘而加葛葛上加朝服凡服必中外之色相稱羔裘黑羊裘也故用緇衣以裼之麑裘鹿子皮以爲裘也故用素衣以裼之狐裘黃故用黃衣以裼之褻裘長短右袂者此私家所著之裘也長之者主

溫也短右袂是裘之袖短右袂者作事便也必有寢衣長一身有半者今之被也狐貉之厚以居者謂在家接賓客之[illegible]家主溫故厚爲之去喪無所不佩者去除也若喪[illegible]佩除喪則備佩所宜佩也非帷裳必殺之者殺謂[illegible]必有殺縫唯帷裳無殺也羔裘玄冠不以弔者凶主素[illegible]故羔裘玄冠不以弔喪也吉月必朝服而朝者吉月[illegible]朝服皮弁服言每月朔日必服皮弁之服以朝於君也[illegible]明衣布者將祭而齊則必沐浴浴竟而著明衣所以明[illegible]躰也明衣以布爲之故曰齊必有明衣布也○註孔曰至[illegible]衣○正義曰云一入曰緅飾者不以爲領袖緣也者案考工記云三入爲纁五入爲緅七入爲緇註云染纁者三入而成又再染以黑則爲緅緅今禮俗文作爵言如爵頭色也又復再染以黑乃成緇矣鄭司農說以論語曰君子不以紺[illegible]又曰緇衣羔裘爾雅曰一染謂之縓再染謂之赬三染謂之纁詩云緇衣之宜兮註謂此同色耳染布帛者染人掌之凡玄色者在緅緇之間其六入者與今孔曰云一入曰緅者未知出何書又云緅者三年練以緅飾衣則按讀緅爲[illegible]弓云練練衣黃裏縓緣註云小祥練冠練中衣以黃爲內縓爲飾黃之色卑於纁縓纁之類明外除故曰爲其似衣喪服也皆不以爲飾衣云紺者齊服盛色以爲飾衣似衣齊服者

吉月必朝服而朝

齊必有明衣布

說文云緅帛青揚赤色是緅爲青赤色也故爲爵韋
若以爲領袖緣飾則以衣齊服也○註服皆中外之色相表
也○正義曰謂中衣外裘其色皆相稱也此經云緇衣羔裘
者謂朝服也知者案玉藻云諸侯朝服以日視朝於內朝士
冠禮云主人玄冠朝服緇帶素韠注云玄冠委貌朝服者十
五升布衣而素裳不言色者衣與冠同色是朝衣色玄玄
緇色之小別此論孔子之服云緇衣羔裘玉藻亦云羔裘
衣以裼之是羔裘裼用緇衣明其上正服亦緇色也下文
曰羔裘玄冠不以弔是羔裘所用配玄冠羔裘之上必用
布衣爲裼裼衣之上正服亦是緇色又與玄冠相配故知
衣羔裘是諸侯君臣日視朝之服也其素衣麑裘則在國
朝之服也鄭大夫士亦皆然故鄭玄註此云素衣麑裘視
之服是也其受外國聘享亦素衣麑裘故聘禮云裼降立
引玉藻云麛裘青豻褎絞衣以裼之又引此云素衣麛裘
弁時或素衣如鄭此言則裼衣或絞或素不定也熊氏云
用絞君用素皇氏云素衣爲正記者亂言絞耳其黃衣狐
謂大蜡息民之祭服也人君以歲事成熟搜索羣神而報
之謂之大蜡又臘祭先祖五祀因令民得大飲農事休息
之息民於大蜡之後作息民之祭其時則有黃衣狐裘也大
者之祭與息民異也息民用黃衣狐裘大蜡則皮弁素服二

者不同矣以其大蜡之後始作息民之祭息民大蜡同月其
事相次故連言之耳知者郊特牲云蜡也者索也歲十二月
合聚萬物而索饗之也皮弁素服而祭素服以送終葛帶
杖喪殺也是大蜡之祭用素服也郊特牲既說蜡祭其下又
云黃衣黃冠而祭息田夫也注云祭謂既蜡臘先祖五祀也
於是勞農以休息之是息民之祭用黃衣也此說孔子之服
云黃衣狐裘玉藻云狐裘黃衣以裼之以此知大蜡息民
有黃衣狐裘也是此三者之服中衣與外裘其色皆相稱也
○註孔曰至佩也○正義曰云非喪則備佩所宜佩也者案
玉藻云古之君子必佩玉右徵角左宮羽凡帶必有佩玉唯
喪則否佩玉有衡牙君子無故玉不去身君子於玉比德焉
天子佩白玉而玄組綬世子佩瑜玉而綦組綬士佩瓀玟而
縕組綬孔子佩象環五寸而綦組綬是非喪則備佩此所
宜佩也○註王曰衣必有殺縫唯帷裳無殺也○正義曰謂
朝祭之服上衣必有殺縫下之裳其制正幅如帷名曰帷
裳則無殺縫其餘服之裳則亦有殺縫故深衣之制要在
半下縫齊倍要是服之制要內削幅註云削猶殺也○註孔
曰喪主素吉主玄至弔也○正義曰檀弓云奠以素器以
生者有哀素之心註哀素言哀痛無飾凡物無飾曰素又禮
祭服皆玄衣服是喪主素吉主玄也○註孔曰至弁服○正

義曰云吉月月朔也者以詩云二月初吉周禮云正月之吉皆謂朔日故知此吉月謂朔日也云朝服皮弁服者士冠禮云皮弁服素積緇帶素韠注云此與君視朔之服也皮弁之以白鹿皮為冠象上古也積猶辟也以素為裳辟蹙其要中皮弁之衣用布亦十五升其色象焉魯自文公不行視朔之禮孔子恐其禮廢故每於月朔必衣此視朔之服而朝於君所謂我愛其禮也

齊必變食孔曰改常饌 居必遷坐孔曰易常處 食不厭精膾不厭細食饐而餲孔曰饐餲臭味變 魚餒而肉敗不食魚敗曰餒 色惡不食臭惡不食失飪不食孔曰失飪失生熟之節 不時不食鄭曰不時非朝夕日中時 割不正不食不得其醬不食馬曰魚膾非芥醬不食 肉雖多不使勝食氣唯酒無量不及亂沽酒市脯不食不撤薑食孔曰撤去也齊禁薰物薑辛而不臭故不去 不多食孔曰不過飽 祭於公不宿肉周曰助祭於君所得牲體歸則班賜不留神惠 祭肉不出三日出三日不食之矣鄭曰自其家祭肉過三日不食是褻鬼神之餘 食不語寢不言雖疏食菜羹瓜祭必齊如也孔曰齊嚴敬貌三物雖薄祭之必敬

○疏齊必至必齊如也 ○正義曰此一節論齊祭飲食居處之事也齊必變食者謂將欲接事鬼神宜自潔淨故改其常饌也居必遷坐者謂改易常處也食不厭精膾不厭細者食飯也牛與羊魚之腥聶而切之為膾食貴膾所尚精細也食饐而餲魚餒而肉敗不食者饐餲臭味變也魚敗曰餒言飯之氣味變及魚肉敗壞皆不食之色惡不食臭惡不食者謂飯食及肉顏色香臭變惡者皆不食之失飪不食者謂饌失生熟之節也不時不食者謂非朝夕日中時不食也割不正不食者謂折解牲體脊脅臂臑之屬禮有正數若解割不得其正則不食也不得其醬不食者謂魚膾非得芥醬則不食也肉雖多不使勝食氣者氣小食也言肉雖多食之不使過食氣也唯酒無量不及亂者唯人飲酒無有限量但不得多以至困亂也沽酒市脯不食者酒不自作未必精潔脯不自作不知何物之肉故不食也酒當言飲而亦云不食者因脯而并言之耳經傳之文此類多矣

易繫辭云潤之以風雨左傳曰馬牛皆百匹玉藻云大夫不得造車馬皆從一而省文也不撤薑食者撤去也齊禁薰物薑辛而不臭故不去也不多食者不可過飽也自此已上皆蒙齊文凡言不食者皆為不利人亦齊者孔子所慎齊必嚴敬若必食之或致困病則失嚴敬心故不食也其凡常不必然祭於公不宿肉者謂助祭於君所得牲體歸則班賜不留神惠經宿也祭肉不出三日出三日不食之矣者謂自其家祭肉過三日不食是褻慢鬼神之餘也食不語寢不言者直言曰言荅述曰語方食不可語語則口中可憎寢宜靜息不言也雖蔬食菜羹瓜祭必齊如也者祭謂祭先也齊嚴敬貌○言蔬食菜羹也瓜也三物雖薄將食祭先之時亦必嚴敬○註孔曰饐餲臭味變○正義曰釋器云食饐謂之餲郭璞云飯饖臭說文云饖飯傷熱也蒼頡篇云食臭敗也字林云饐飯傷熱濕也○註魚敗曰餒○正義曰釋器云肉謂之敗魚謂之餒郭璞云敗臭壞也餒肉爛也○註孔曰至必敬○正義曰云三物雖薄祭之必敬者祭謂祭先也案玉藻云水漿不祭又云瓜祭上環知此三者雖薄亦祭先也若祭之亦必齊敬也

席不正不坐鄉人飲酒杖者出斯出矣孔曰杖者老人也鄉人飲酒之禮主於老者老者禮畢出孔子從而

後出【疏】席不正不坐鄉人飲酒杖者出斯出矣○正義曰此明坐席及飲酒之禮也凡為席之禮天子之席五重諸侯之席三重大夫再重席南鄉北鄉以西方為上東鄉西鄉以南方為上如此之類是禮之正也若不正則孔子不坐也杖者老人也鄉人飲酒之禮主於老者老者禮畢出孔子則從而後出也

鄉人儺朝服而立於阼階孔曰儺驅逐疫鬼恐驚先祖故朝服而立於廟之阼階【疏】鄉人儺朝服而立於阼階○正義曰此明孔子存室神之禮也儺索室驅逐疫鬼也恐驚先祖故孔子朝服而立於廟之阼階鬼神依人庶其依己而安也所以朝服者大夫朝服以祭故用祭服以依神也

問人於他邦再拜而送之孔曰拜送使者敬也【疏】問人於他邦再拜而送之○正義曰此明孔子遺人之禮也問猶遺也謂因問有物遺之也問者或自有事問人或問彼有事而問之恐有物表意故曲禮云凡以弓劍苞苴簞笥問人者操以受命如使之容此孔子凡以物問遺人於他邦者必再拜而送其使者所以示敬也

康子饋藥拜而受之包曰饋孔子藥曰丘未達不敢嘗孔曰未知其故故不敢嘗禮也【疏】康子饋藥拜而受之

曰丘未達不敢嘗○正義曰此明孔子受饋之禮也魯卿季康子饋孔子藥孔子拜而受之凡受人饋遺可食之物必先嘗而謝之孔子未達其藥之故不敢先嘗故曰丘未達不敢嘗亦其禮也

廄焚子退朝曰傷人乎不問馬 鄭曰重人賤畜退朝自君之朝來歸 〔疏〕廄焚子退朝曰傷人乎不問馬○正義曰此明孔子重人賤畜也廄焚謂孔子家廄被火也孔子罷朝退歸承告而問曰廄焚之時得無傷人乎不問傷馬與否是其重人賤畜之意不問馬一句記者之言也

君賜食必正席先嘗之 孔曰敬君惠也既嘗之乃以班賜 君賜腥必熟而薦之 孔曰薦其先祖 君賜生必畜之 侍食於君君祭先飯 鄭曰於君祭則先飯矣若為君嘗食然 〔疏〕君賜至先飯○正義曰此明孔子受君賜食及侍食之禮也君賜食必正席先嘗之者謂君以熟食賜己必正席而坐先品嘗之敬君之惠也君賜必多不可留君之惠既嘗當以班賜君賜腥必熟而薦之者謂君賜己生肉必烹熟而薦其先祖榮君賜也熟食不薦者褻也君賜生必畜之者謂君賜己牲之未殺者必畜養之以待祭祀之用也侍食於君君祭先飯者謂君召己共食時也於君祭時則先飯矣若為君嘗食然○註鄭曰至食然○正義曰云於君祭則先飯矣者曲禮云主人延客祭註云祭祭先也君子有事不忘本也君子不忘本者有德必酬之故得食而種種出少許置在豆間之地以報先代造食之人也若敵客則得先自祭降等之客則後祭若臣侍君而賜之食則不祭若賜食而君以客禮待之則得祭雖得祭又先須君命之祭後乃敢祭也此言君祭先飯則是非客之禮也故不祭而先飯若為君嘗食然也

疾君視之東首加朝服拖紳 包曰夫子疾處南牖之下東首加其朝服拖紳紳大帶不敢不衣朝服見君 〔疏〕疾君視之東首加朝服拖紳○正義曰此明孔子有疾君來視之時也拖加也紳大帶也病者常居北牖下為君來視則暫時遷鄉南牖下東首令君得南面而視之以病不能衣朝服及大帶又不敢不衣朝服見君故但加朝服於身又加大帶於上是禮也

君命召不俟駕行矣 鄭曰急趨君命行出而車駕隨之 〔疏〕君命召不俟駕行矣○正義曰此明孔子急趨君命也俟猶待也謂君命召己不待駕車而即行出車當駕而隨之也

入太廟每事問 〔疏〕入太廟每事問○正義曰

此明孔子因助祭入太廟廟中禮儀祭器雖知之猶每事復問慎之至也

朋友死無所歸曰於我殯孔曰重朋友之恩無所歸言無親昵疏朋友死無所歸曰於我殯○正義曰此明孔子重朋友之恩也言朋友若死更無親昵可歸孔子則曰於我殯與之爲喪主也

朋友之饋雖車馬非祭肉不拜孔曰不拜者有通財之義疏朋友之饋雖車馬非祭肉不拜○正義曰此言孔子輕財重祭之禮也朋友有通財之義故其饋遺之物雖是車馬非祭肉不拜謝之言其祭肉則拜之尊神惠也

寢不尸包曰偃臥四體布展手足似死人居不容孔曰爲室家之敬難久疏寢不尸居不容○正義曰此言孔子寢息居家之禮也尸死人也言人偃臥四體布展手足似死人孔子則當欹屈也其居家之時則不爲容儀爲室家之敬難久當和舒也

見齊衰者雖狎必變孔曰狎者素親狎見冕者與瞽者雖褻必以貌周曰褻謂數相見必當以貌禮之凶服者式之式負版者孔曰凶服送死之衣物負版者持邦國之圖籍有盛饌必變色而作孔曰作起也敬主人之親饋迅雷風烈必變鄭曰敬天之怒風疾雷爲烈疏見齊至必變○正義曰此一節言孔子見所哀恤及敬重之事爲之變容也見齊衰者雖狎必變者狎謂素相親狎言見衣齊衰喪服者雖素親狎亦必爲變容此即哀有喪也見冕者與瞽者雖褻必以貌者冕大夫冠也瞽盲也褻謂數相見也言孔子見大夫與盲者雖數相見必當以貌禮之此即尊在位恤不成人也凶服者式之式負版者凶服送死之衣物也負版者是持邦國之圖籍者也式者車上之橫木男子立乘有所敬則俯而憑式遂以式爲敬名言孔子乘車之時見送死之衣物見持邦國之圖籍者皆憑式而敬之也有盛饌必變色而作者作起也謂人設盛饌待已已必改容而起敬主人之親饋也迅雷風烈必變者迅急疾也風疾雷爲烈此陰陽氣激爲天之怒故孔子必變容以敬之也○註孔曰狎者素親狎○正義曰案左傳宋華弱與樂轡少相狎曲禮云賢者狎而敬之狎是相數慣習之名也故爲素相親狎也○註負版者持邦國之圖籍○正義曰案周禮小宰職云聽閭里以版圖註云版戶籍圖地也聽人訟地者以版圖決之司書職曰邦中之版土地之圖以圖籍相將之物故知負版者是持邦國之圖籍也

升

車必正立執綏周曰必正立執綏所以爲安車中不內顧包曰車中不內顧者前視不過衡軛傍視不過輢轂不疾言不親指疏正義曰此記孔子升車之禮也升車必正立執綏者綏者挽以上車之索也言孔子升車之時必正立執綏所以爲安也車中不內顧者顧謂迴視也言孔子在車中不迴顧掩人之私也不疾言者疾急也以車中高故不疾言不親指者亦謂在車中時也疾言親有所指皆爲惑人也○註包曰車中不內顧者前視不過衡軛傍視不過輢轂○正義曰衡軛是轅端橫木駕馬領者輿人註云輢兩旁上出軾者則輢轂俱在車之兩旁言孔子在車中前視則不過衡軛之前傍視則不過輢轂之後案曲禮云立視五巂式視馬尾顧不過轂註云立平視也巂猶規也謂輪轉之度案車輪一周爲一規乘車之輪高六尺六寸徑一圍三三六十八得一丈八尺又六寸爲一尺八寸總一規爲一丈九尺八寸五規爲九十九尺六尺爲步總爲十六步半則在車上得視前十六步半也而此註云前視但不過衡軛者禮言中人之制此記聖人之行故前視不過衡軛耳

色斯舉矣馬曰見顏色不善則去之翔而後集周曰迴翔審觀而後下止疏色斯舉矣翔而後集○正義曰此言孔子審去就也謂孔子所處見顏色不善則於斯舉動而去之將所依就則必迴翔審觀而後下止此翔而後集一句以飛鳥喻也曰山梁雌雉時哉時哉子路共之三嗅而作言山梁雌雉得其時而人不得其時故歎之子路以其時物故共具之非本意不苟食故三嗅而作作起也疏曰山梁雌雉時哉時哉子路共之三嗅而作○正義曰此記孔子感物而歎也梁橋也共具也嗅謂鼻歆其氣作起也孔子行於山梁見雌雉飲啄得所故歎曰山梁雌雉得其時哉而人不得其時也子路失指以爲夫子云時哉者言是時物也故取而共具之孔子以非己本意義不苟食又不可逆子路之情故但三嗅其氣而起也

論語註疏解經卷第十

升車必正立執綏車中不内顧不疾言不親指

色斯舉矣翔而後集曰山梁雌雉時哉時哉子路共之三嗅而作

論語注疏解經卷第十